꽃마음 등에지고

오석규 시집

도서
출판 모던

저자 머리말

꿈을 이루면서

글을 써보고 싶었다. 오랜 세월을, 그러나 부족한 글, 세상 속에 내어놓을 수 없어 아쉬움 속에서 보내버린 시간들을 움켜쥐고 가슴앓이를 할 때 〈사단법인〉호주한국문학협회가 주최하는 교민글짓기에서 입상하면서 호주한국문학협회에 회원으로 가입하였고"문학을 왜 하는가? 반문하면서 나를 다듬질할 수 있는 계기가 되었고 내 글에 대하여 용기도 가질 수 있었다.

오랫동안 마음속에 숨겨둔 아픔과 그리움을 꺼내어 詩란 이름을 붙여 세상에 내어놓게 되고 보니 내 육신을 감싸고 있던 옷을 훌랑 벗은 것 같기도 하고 미혼모가 되어버린 것처럼 부끄럽기 그지없다. 그러면서도 한편으론 **"나는 담대하리라, 내 영혼 맑은 혜안으로 깨어나리라, 비록 독자들의 호된 질타가 있을지라도 감사하는 마음으로 다시 일어서리라,"**

내 안에 기쁨과 아픔, 고독과 그리움들을 이젠 글로서 풀어낼 수 있는 용기가 생겼으니까…….

사실은 첫 출산한 옥동자를 가슴에 안고 덩실덩실 춤이라도 추고 싶지만 부족한 가장을 위하여 밤낮으로 기도하는 아내와 아이들을 생각하면 가슴이 찡하다.

그동안 습작처럼 모아둔 글로 엉겁결에 시집을 출간하긴 하였지만 앞으로는 문학이란 이름 부끄럽지 않게 더욱더 알찬 열매를 익힐 수 있도록 열심히 노력하리라 다짐하면서…….

부족한 글이 시집이란 이름표를 달수 있도록 도와주신 분들과 출판사에 고마운 마음을 전합니다.

2010년 3월 시드니서쪽 버큼힐에서 오석규

축시

영원속에 핀 문학

밤마다 별을 헤던
소년의 꿈
어둠 속에 숨어 버렸던
그 꿈
손에 닿을 듯, 닿지 못했던
찬란한 문학의 별
멀고도 멀었던
꿈의 무대에 우뚝 선
시인이시여
상처로 잉태한 진주가 세월을 뀔 때
더욱 영롱해 지듯,
그렇게 여물어진 꿈 알알이 꿰어
문학의 별로 우뚝 선
시인이시여
그대 가시는 길목마다
고국의 무궁화 활짝 피우소서

시인이시여
이민자의 삶에 무디어진 언어(言語)
고국의 횃불로 밝혀
영원히 꺼지지 않게 하소서
세계유일의 한글
세세히(細細)빛나게 하소서

시인이시여
그대의 시혼(詩魂)비상하는 그날까지
늘 청명 하소서

2010년 2월20일

〈사단법인〉 호주한국문학협회 회장 나향 이기순

격려사

갈채

내면에 숨겨진 자신의 재능을 외부로 표출하여 아름다운 언어로 생산해 낸다는 것은 용기있는 행위이자 지켜보는 이들에게도 도전과 격려를 주는 일입니다.

오석규 장로님의 시집출간을 진심으로 축하하며 축복합니다.

목회자에게 있어 의미있고 행복한 일은 성도들이 자신이 좋아하고 열망하는 일을 형상화하고 도출해내는 과정을 지켜보는 일입니다.

오석규 장로님은 외면상으로는 대단히 남성적이고 강한 분위기를 풍기지만 이와 다르게 속마음의 정서는 아주 섬세하고 부드러운 표현으로 자신의 생각과 언어를 시로 간곡하게 드러내는 분입니다.

이민생활 그리고 척박하고 힘든 삶의 무게를 신앙과 시로 승화시켜 지친 이민자들을 위로하고 사랑하는 일은 너무나 귀한 일입니다.

교회생활 중에도 장로님은 병든 분들, 지친 분들, 축하 받을 분들에게 글로서 좋은 선물을 여러 번 해주셨습니다.

특히나 추수감사 주일을 기념해서 하나님께 감사의 글은, 성도들에겐 감사와 기쁨의 의미를 다시 한 번 되새기게 해주는 잊을 수 없는 사랑의 선물이었습니다.

이제부터는 시인으로 수필가로 자신의 삶을 글로 표출할 수 있으며 지금까지 쓴 글로 시집을 출간하신다니 기쁘기 한량없고 주위에 계신 분들과 이 특별한 기쁨을 나누고 싶습니다.

오석규 장로님, 믿음과 삶이 어우러진 지상과 천상의 언어로 소망을 잃어버리고 낙심과 절망 가운데 있는 이웃들에게 위로와 친근함이 되어주시기를 부탁드립니다.

오늘이 있기까지 가까운 곳에서 힘이 되어주신 가족들, 좋은 진로를 안내해주신 호주한국문학협회 회장님과 회원님, 기도와 응원으로 용기가 되어주시고 격려해주신 시드니성결교회 성도들께도 감사드리며, 오장로님의 수고와 노력에 진정한 갈채를 보냅니다.

2010년 3월 담임목사 고준학

격려사

낯선 설렘

낯선 말, 낯선 뉴스, 낯선 노래, 낯선 사람,

주위를 둘러보면 온통 낯선 것들뿐입니다.

출근길 버스 안에서 이리 치이고 저리 치이며

살갗 하나 피할 수 없는 상황에서조차 숨결 한 줌 나누지 않는 사람들.

어쩌면 이 낯설은 외로움만이 아닌 두려움일지도 모릅니다.

그러나 오석규님의 낯선 詩는 설렘으로 다가옵니다.

그를 잘 아는 사람도 혹은 알지 못하는 사람들에게조차…

건강하지 못한 자아와 돌아보지 못하는 다급한 세상을 향해

작은 詩 한 편을 나누며 얼어붙은 마음을 다독이는 방법을 가르쳐주는

오석규님의 시집 발간을 축하드립니다.

잠들기 전 꼬깃한 종이 한 장에 고이 남겨둔 시 한편으로

아침인사를 나눌 수 있는 세상을 꿈꾸며...

오석규시인님의 시집출간을 진심으로 축하드립니다.

國際溫熱健康文化敎育協會 代表 河憲柱

차례

제1부 | 흔들리는 꽃잎

제2부 | 세상 풍경

제3부 | 인생 여정

제4부 | 망월동 침묵

제5부 | 꽃의 향기

제6부 | 기도의 꽃

제1부 | 흔들리는 꽃잎

꽃마음. 1

당신 꽃이 되어 찾아주오
그리고
꽃잎을 뿌려주오
당신 정, 꽃이 되어
내 영혼에 향 전해주오

당신 꽃바람 속
흔들리는 꽃잎
내 가슴을 열어
보듬어 주고파요

푸른 달빛 꽃망울
열지 못하고 수줍어하는
당신 꽃
내 가슴에 소중히 피워 보고파요

꽃마음. 2

당신 꽃망울 바라만 봐도
터져버릴 것 같은
아름다운 자태
부끄러워 나는 눈 감아요

달빛 고요하게 내리는 밤
이슬 축복 받으시며
당신 꽃 피워주세요

화사한 모습 어여쁘게
찾아오신 당신 꽃
그윽한 향기
내 가슴에 담아주세요

당신 꽃 아름다운 향기
온 세상 전해주고
떨어지는 꽃잎 속에
이별의 슬픔보다

사랑했던 당신 모습
그리움 가슴속에
소중히 간직하고파요

꽃마음. 3

당신 꽃
한송이 주고파
밤마다 괴로움에
몸부림치는 아픔
그 진통을 몰라다오

꽃 한송이
피우기 위해
병든
가지 움켜쥐고
어둠 속
시샘하는
빗속에 홀로 핀
아름다운 자태
아픔 속
다가오는 향기
내 마음 슬픔으로
전해오고 있다오

당신 꽃
병들어갈 때
그 아픔
알지 못해
꽃망울
열지 못한다며
투정부리던 마음
미안해요

당신 꽃
이별할 수 없어
사랑했던 당신
회복을 기다렸지만
오늘
슬픈 마음으로
꽃 가지를
자르는 손끝이
떨려와요

나는
당신과 이별의
아픔을 견디며
행복 속에 희망을 주었던
당신 꽃잎 속에
시 한 편 적어 내 사랑
마음에 고이 간직하고 싶어요

당신에게

사랑하오, 당신을
검은 머리 곱던 얼굴
언제나 행복하던 당신을
이제 돌아서 바라보니

지나간 세월 속
검은 머리에 흰머리 하나 둘
곱던 얼굴 잔주름이
지난 세월을 말해주고 있군요

날 위해 헌신했던 당신
가족을 사랑하여 희생한 당신
당신을 위해 아무것도 할 수 없는
내 자신이 너무 초라하오

지금 내가 할 수 있는 건
일편단심 사랑한다는 말뿐
지난 세월을 돌릴 수 있다면
이 목숨 당신 위해 세월을 돌려
그 곱던 옛 모습 되찾아주고 싶어요

사랑하는 당신
가는 세월 돌릴 수 없지만
남은 인생 여정을 주님과 함께
행복한 사랑의 시간 마련하고파요

지나간 세월보다 오늘을 위해
더욱 당신을 사랑하며
추억 속에 묻어둔 소중한 사랑
마음속에 곱게 간직하여
당신만을 영원히 사랑하리

가을 노래

코스모스 향기 속에
끝없는 황금 물결
소녀의 마음 흔드는데
노을지는 석양을 바라보며
마음속 행복함을 노래하네

꿈 많은 소녀시절
출렁이는 낭만의 물결
들길을 거닐며
가을의 풍요로움에 행복한 꿈
마냥 나누고 싶어하던 당신

연분홍 꽃잎 하나 곱게 접어
마음에 담아두고 가을의
소중함을 사랑했던 소녀

곱게 물든 단풍잎 속
얼굴 스치는 다정한 바람결에
정을 주자, 혼자 얼굴 붉히며
수줍어 고개 숙이던 소녀

예쁜 단풍잎이 낙엽 되어 계절을 일러주는데
메마른 가지 사이로 삭풍이 불면
홀로 외로움을 느끼며 눈물 흘리며
가을을 좋아하여 마냥 사랑했던 소녀

이제 성숙한 여인이 되어
가을날의 아름다운 추억 속
외로운 잎새의 고독함을
사랑하는 마음으로 달래주리

너무도 가을을 사랑하기에
머물지 못하고 철 따라
떠나가는 가을 보내주며
아쉬운 이별의 정을 가슴에 담아둔 채
가을을 보내야 하는 성숙한 여인

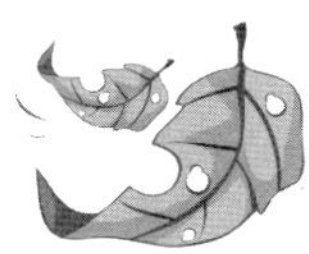

세상

세상은 공장
톱니바퀴 속에 생산되는 자본주의
노예근성으로 영혼을 판, 지쳐버린 육체

세상 비난을
자신 몸뚱어리 하나로
지탱하며 변화의 물결 속에
사랑을 던져 희생한 사회

불타는 황혼 서서히 내리는 어둠
지성은 병들어가고 반짝이는 별숲 아래
모닥불 피워놓고 번개 같은
섬뜩한 불빛속에 세상 정열을 태워본다

나그네

친구여, 나그네 길 묻지 말아 다오
황혼 지는 들녘에도 풀벌레 노랫소리
연인삼아 고독 달래며 추억을 노래한다오

풍족함은 없어도 가난한 배낭 어깨에 메고
쏟아지는 별빛 아래 달빛을 친구삼아
나그네 여정 말없이 걷고 싶다요

흐르는 물처럼 자연 속에 인생 낙엽
세월따라 진다해도 내 영혼의 품 안에서
행복을 노래하고 싶다요

친구여 나그네 길 축복하여 주세요
홀로 가는 나그네 길 걸으며
외로움을 길섶에 뿌려
한 송이 꽃을 피워 보고 싶다오
내 영혼 속에서…

위안부
-조선 누이들의 슬픈 사연

순결을 목숨처럼 여긴
조선의 딸, 우리의 누이들을
성전(聖戰)이란 허울좋은 이름 아래,
생지옥으로 몰아넣은 간악한 일제(日帝)

전쟁의 희생양 만들어
피지못한 꽃봉오리 송두리째 앗아
일제 침략군의 성 노리개로 만든
천인공노할 만행!

60년 세월 흘렀어도 그 보상
받을 길 없어 한 맺힌
영혼의 상처 가슴에 묻은 채
한 분 두 분 역사 속으로 잠들어간다.

세월 속에 영혼의 고통을
견디면서 외롭고 고독한 시간을
위안부란 굴욕 앞에 조선의 누이들은
한 많은 삶 속에서 한 분 두 분
치욕적인 한을 가슴에 품은 채로

조국의 사랑도 받지 못한 채
쓸쓸한 가을 낙엽처럼
외롭게 보내며 먼저 간
조선 누이들 슬픈 영혼을 위해
일본 만행을 고발하는 누이들

사랑하는 조선의 누이들이여
피맺힌 가슴에 한을 숨기지 말고
억압이 아닌 자유 속에서 외쳐 보세요
일본이여 양심을 속이지 말고
역사 앞에 사죄할 때 조선 누이들은
사랑으로 일본을 포용해 줄 것이다.

행복

이민의 삶 속에 묻어둔
은근한 마음을 뒤흔드는 향수병
걸어가며 바라보는 쇼핑
오가는 인파 속
함께 어우러져 옮겨가는 발걸음

가게 앞에 멈추고 눈길
마주친 예쁜 저금통 하나
반가운 마음으로 가슴에 품어본다.
포근한 미소 짓고 있는 너
어린 시절 추억 속에 입양하여
둥지를 옷장 속 깊이 틀면서
소녀처럼 설레이던 마음

가족들 주머니 동전을
매일 챙겨먹이셨던 따뜻한 정성
동지선달 설화를 피우듯이
사모님 가슴에 행복한 꿈으로
아름답게 피고 있었다오

만남의 인연 속에 정이 들어
그 때문에 더욱 사랑했던 '나'
미안한 마음으로 적은 동전을
네게 주어도 불평 한 번 없이
언제나 포근한 미소로 받아주던 '너'
맺은 인연 사랑으로 길이 두고파
가슴속 꽃으로 피워보고 싶던 소망

땅에 떨어져 뒹굴어도
무관심 속 홀대받는 5센트
그 소중함을 잘 알고 있지
눈물 젖은 빵을 먹으면서
터득한 생활 속 지혜로

수건 위에 쏟아진 동전
바라만 봐도 잔잔한 흥분
가슴 떨려옴 느껴진다
흩어진 동전 백금성 황금성을
정성껏 쌓아 올리는 행복
마음속 그리움 맺히는 이슬

저금통이 남겨준 사랑의 선물
1125불은 행복한 자금이 되어
호주와 필리핀 남태평양에
은하수 쌍무지개 아름다운
구름다리 오작교 놓아

사모님
가슴에 그리움 꽃으로 곱게
피어난 아름다운 한송이 백합
필리핀 백합꽃 잊지 못하여
마음속 그리움 달래보려 흘리던 눈물

사랑하는 동생 가족 초청하여
희망의 꽃 피워보고픈 마음
견우와 직녀의 만남처럼
행복한 만남은 사랑 속 향기로
창공을 날아가고 있다오

*도담 선생님 수필 동전 모으기를 읽고

친구

새벽 공기 차가운
어둠이 깊어가는 시간
친구네는 가난이 죄가 되어
모두 잠든 고요한 시간
짙은 어둠을 따라
배를 저어 강변의 삶
나루터를 떠나버렸다오

새벽 물 안개
찬 이슬 몸을 떨며
강변 사연 남겨두고
가난의 사슬을 끊어보려
도시를 찾아 떠나버린 친구

도시생활 외로움
밀려오는 고독을 잊으려
술로 보내는 희망없는 세월
젊은 꽃 피워보지 못하고
꽃망울 던져 세상을 떠나버린
친구
별들의 노래 영혼으로 들려오네

새벽 이슬

풀섶 헤치고
선녀처럼 내려온
새벽이슬
바짓가랑이
적셔가며
논두렁길
걸어보는 새벽
희망의 노래
불러보고 싶어라

서쪽 하늘
홀로 떠 있는
외로운 샛별
길동무 삼아
바람에
실려오는
여름향기
풀내음 노랫소리
마음 열어주며
들길을 걷고 싶어라

파도

파도는 끊임없이
밀려와 바위에 부딪혀
부서지고 깨지고
갈매기 슬피우는 바닷가
언덕배기 모래밭 발자국

남겨진 세상 이야기
물결에 씻겨 흘러간
흔적도 없는 모래 위에
갈매기 마저 떠나버린
님 그리움 목이 메어 울고 있네

들국화

푸른 달빛 내리는 밤
눈물로 얼룩진 얼굴
가을을 보내기 싫어
찬서리 내리는 늦가을
외로움 느끼며 홀로 핀
꽃, 들국화

찬바람에
몸을 떨며 향기 주고파
곱게 물이 든 단풍잎
바람의 시샘 속에 떨어져
때굴때굴 굴러가며
계절의 정을 주고파
한길 옆에 잠시 머물었네

가는 세월

선달 그믐을
하루 남겨두고 바람같이
지나버린 삼백육십사 일이
얄미워 죽겠어요

오는 시간 가는 세월
천하를 호령하던
영웅호걸도 품어준 운명
어제 느껴보지 못한 감정
주는 것 없이 얄미운 세월

또 하나 나이테를
가슴에 둘러주고 가는 세월
한숨 속에 어머니 거칠은 손마디
세월의 증인 되어
돌아보는 젊은 날의 추억

애정

마음속 정으로 잉태하여
사랑으로 낳은 너희
가슴으로 소중하게 길렀지
푸른 하늘 저 바다 바라보며
자연 속에서 너희를 잉태하여
기쁨으로 출산하였다오

내 가슴에 가두어 두기
너무 아름다운 너희 모습들
보내주고 허전한 마음
고독 속에 보내야할 두려움
정으로 채워 둘 수 없는 사랑
풍족함이 가득찬 사랑을 위해

애정으로 사랑해 줄 연인을 찾아
이별을 준비하는 나는
마음속 눈물을 흘린다
사랑하는 자녀들아
어느 곳에서나 변함없는 애정
더 많은 사랑 받도록 기도한다.

하늘 아래 소망

하늘 아래 구름 한 조각
바람결에 밀려 흘러가고
하늘 아래 나는 혼자서 걸어가네

하늘 아래 구름은
정처없이 흘러 흘러가다
지치면 어느 곳엔가 멈추어
세상 이야기 전해주겠지

인생도 쉼 없이 달려온 여정을
어느 길목에 홀로 서서
추억이란 틀 속에 넣어둔
삶의 이야기 꺼내 보겠지

이 땅에서 호흡하는 동안
언제나 꿈을 꾸며
미래를 향해 가고 싶소
인생길 힘 겨우면 자연을
벗을 삼아 내 사연 들려주고
상대 사연 들으며

겨자씨 같은 꽃씨 한 톨
세상 속에 곱게 심어 사랑의
향기 날리면서 내 섬기는
겸손한 마음으로 세상 속에
빛과 소금 돼 열방을 향해
평화를 선포하는 희망의
횃불이 되어보고 싶소

점 하나

외로운 밤
홀로 지새우며
그 외로움
달래보려고
외로운 점 하나
찍어두고

황혼이 지는
바닷가 언덕에서
밀려오는 고독
잊어보려고
그리움 속에
찍어보는 점 하나

폭풍우 쏟아지는
두려운 밤
마음 설레는
옛 추억 그리워
사랑했던
당신 정을 화폭에
찍어보는 점 하나

믿음으로 잉태하여
손끝으로 출산하는
너는 내 분신
고요함 속에
찾아오는 평안
수선화 곱게 필 때
나는
허전함을 느끼며
커피향에 취해보련다.

*김춘광 화백님 전시회를 보고

동진강

갈대숲 우거진 동진강
평원 같은 광활한 들판
얼기설기 연결된 논두렁길
선조의 눈물과 서러움이
베어있는 우리들 삶의 터전

갈대숲 헤칠 때
달빛에 젖은 푸른 강물
깊은 상념속에 흐르네

물새들 구슬픈 노랫소리
슬픈 애가로 들려올 때면
동진강 흐르는 물은 서해로
더 넓은 바다 그리며 흘러가네

갈대숲에 잠자던 세월
동진강 옛정이 그리워 가슴아린 슬픔
눈물이 되어 바람 따라
고향으로 찾아가고 있다네

나루터

고향 찾은 나그네
동심 속 추억을 만나보려고
황혼 지는 나루터 찾아왔는데
사공은 간데 없고 주인 없는
쪽배 하나 물결에 흔들리며
홀로 외로움을 달래고 있네

어디서 날아왔나, 물새 한 마리
뱃머리에 앉아서 나그네
사연을 듣고파 노래 부르고 있네
세월 속에 변해버린 강변
외로움만 흐르는 나루터

정을 실어주고 슬픔을
안아주던 나루터 사공
어디로 가셨나 산업사회
병들어 아픔의 고통 겪는
나루터 홀로 남겨 둔 채

사공 없는 나루터 바람결에
실려오는 강물의 신음 소리
나그네 마음을 흔들어 주네
마음속 추억을 종이배에 실어
서해로 보내주며 황혼녘
외로움을 달래네.

희생의 향기

백합꽃이 향기를
세상에 전해주듯이
한 송이 백합이 되어 깨끗하고
순결한 마음으로, 예수처럼
조건없는 사랑을 주고 싶소

가시에 찔린 백합 향기가
강하게 전해오는 것은
찔림의 고통 속에 변함없는
사랑으로 자신을 희생시킨 선물

세월 따라 몸은 늙어
나그네 길 돌아보게 하나
내 영혼은 시들지 않는
한 송이 백합이 돼 온누릴
따뜻한 마음으로 품어주며
샤론의 향기를 전해주고 싶소

제2부 | 세상 풍경

평화의 항해

순간순간 찾아오는
치열한 생존의 경쟁
온갖 도전을 받으며
평화의 항구에 닻을 내린다

토기장이 터져버린 질그릇
버려야 할 그릇을
당신 사랑으로 보듬어주시고
깨져버린 질그릇 당신 뜻대로
새롭게 만들어주시며

정금 같은 그릇에 복음을 담아
산을 넘고 바다 건너
외로운 삶 속에 눈물 흘리는
친구에게 복음을 전해 주라고
깨진 토기를 새롭게 하신
당신을 사랑하고 싶어요

당신 닻을 올리고 성령 순풍
은혜롭게 받으며 믿음. 소망. 사랑
가득 실어 평화의 항해를 하고 싶어요

하늘 슬픔

인간이 만들어가는 공해로
하늘이 슬픔을 참지 못해
눈물이 빗물 되어 땅위에
통곡하듯 세차게 내리고 있네

하늘이 무너질 것 같은 천둥소리
동서로 하늘을 가르듯
번쩍이는 번개 속에 우르릉 꽝
천지를 뒤엎을 것 같은 벼락소리
우리네 마음 숙연해지는구나

하늘이여 슬픔을 거두소서
크신 진노 거두어 주시고
무지개 약속 서편 하늘에
세워주시며 당신 사랑으로
연약한 인생을 보듬어주소서

비 오는 날

비 오는 Baulkham Hills
앞마당에 떨어지는 빗방울
아프다며 뛰는 광경 속에
어린 시절 물에 빠진 생쥐 꼴로
비 맞으며 놀던 친구들 생각에
마음 한편 저려옴을 느낀다

친구 생각에 서울 번호를 눌러본다
벨 소리 요란스럽게 울려도
받아주는 이 없어
응답기에 날 두고 소식을 기다려보련다

비 오는 오후 쓸쓸하고 외로운 시간
허전함 달랠 길 없어
여기저기 돌려보는 번호
벨 소리만 울리는 얄미운 전화통
이윽고 핸드폰 번호 눌러보니
메시지를 남기라는 목소리에
새삼스레 느끼는 시드니 고독!

비 오는 거리 풍경

봄비는 내리고
비 속에 오가는 사람들
늦비에 쫓기어
잠시도 여유 없이 바쁜 걸음걸이
어둠이 내리는 골목길을 밟고간다

하루의 일과 속
고단한 몸
빗속에 내어둘 수 없어
총총걸음으로 서두르다

내일의 약속 위해
버스 정류장 가판대 앞에서
신문지로 머리를 덮고
시간을 기다리네

우산 들고
조금 여유를 두며
걷는 사람 약속 시간
체크해 보는 사람
바람에 흐트러진
머리칼을 풀어올리며
기다리는 행복감 속에
봄비는 살며시 고개를 숙이네

시월을 보내면

시월은 농부의 결실
거두도록 축복하신
당신의 은혜

자연에다 희망의 씨 뿌려
눈물과 한숨 속에서도
채워주심을 믿음으로 기다린
가을철 농부는 땀흘려 일 한
소중한 알곡을 거둔다오

마음이 타들어간 가뭄
홍수에 무너져가던 육체
태풍 속에 흔들리던 영혼
인내의 믿음으로 어려움을
당신께 의지했던 순종

농부의 그 한숨과 눈물이
풍요로운 기쁨을 누리며
시월 하늘 구름 위에 정을 실어
철 따라 찾아올 겨울을
포근한 마음으로 기다리며
황혼 속 저무는 시월을
보내주고싶어라

물

물이 흘러 강을 이루고
굽이굽이 흘러 넓은 바다가 되어
자연 속에 이슬과 비로 다시 오신다오

물결 유유히 흘러
생명수로 찾아 오기까지
내면세계를 알지 못하면
물의 소중함을 알지못하리라

첩첩산중 계곡에 모여
흐르는 저 물은 가시에 찔리고
바위에 제몸을 부딪치며 그렇게
자연 따라 순종의 흐름으로
강을 이뤄, 바다의 포근한 품에서
평안을 누린다오

동백꽃 심을 때

동백 묘목을 얻어
교회 울타리 주변 빈터에
구덩이 파고 거름 묻고 물 주고
정성껏 심어 보련다

빨간 동백을 심을 때
당신 보혈을 생각하며
빨간 동백꽃이 되고파
정성어린 수고의 땀
동백꽃 향기 되어 교회
찾아오는 성도들 마음속에
행복의 꽃으로 피어라

동백꽃 새빨간 사랑이
모두 사랑하는 연인처럼
가슴 뜨거운 사랑을 심으면
엄동설한 못다 이룬 사랑
망울망울 곱게 맺어
성도들 가슴에 영원히 시들지 않으리라

소꿉친구

내 어린 시절 우리 집은
안채와 조금 떨어진 가게 하나
신작로가에 자리잡고 있었지
안채와 구별되는 별채
방이 딸린 그곳에서
양복점을 운영했던 현숙이네

난 그녀와 동갑내기 소꿉친구
대청마루에서 함께 놀 때면
내가 아빠, 현숙이는 엄마 하여
서로들 베개로 아들 딸 삼아
마냥 행복한 살림 꾸렸었지…

정감 넘치는 추억이 시들자
다짜고짜 난 짐 싸들고 고향집을 찾아
먼 여행 여독도 잊은 채
반가움 못이겨 현숙이 손 잡아보려
내민 내 손 뿌리친 현숙이
토라진 얼굴로 휑하니 나가버린다

현숙아 현숙아, 기다려줘
네게 하고픈 말 너무 많아
목이 아프도록 불러봐도
엉엉 울다 토하는 앙칼진 목소리
'소꿉놀이 않겠다!'
퍼뜩 정신차려보니 일장춘몽!

청소하는 예술가. 1

새벽을 알려주는 알람 소리
무거운 몸 현관문 열어보니
소리 없는 이슬비 내리고 있네
어두운 하늘을 바라봐도 “별”
하나 보이지 않은 고요만 흐르는 새벽

찬 공기 헤치며 여명을 뚫고
운전하여 빗길을 달려간다
기계소리 멈춘 공허감 흐르는 일터
마음속 인사를 해보며
내 친구 마포를 깨끗하게 빨아 본다

어젯밤 정리 정돈을 잘해주고
내 마음 남겨두고 돌아왔는데
인간들이 회식 구타를 일으켜
식 테이블 의자 여기저기 흩어져
마음이 혼란스러워지려고 하네

청소하는 예술가. 2

평상시보다 더러워진
우리들 쉼터, 휴게실
커피로 얼룩지고 음료수로 얼룩져
험한 추상화 그려진 식 테이블
온 정성 쏟아 깨끗이 지워본다

타일 바닥에 쏟아진 몰골 사나운
흉상을 지우며 예술가가 돼버린 난
예술의 혼을 넣어 타일 위에
마음속 그림을 그려보고 싶어라

동양화 그려보고
서양화도 그려보면서
내 마음 화려한 색들 칠해 보련다
묵화를 그려보고
사군자 그려봐도
피곤한 내 몸은 휴식을 원하고 있네
오늘 내 자화상 그리고나면
집으로 돌아가고 싶어라

태공
-낚시터

낚시터에 가보면
일명 명당자리 포인트
바위에서 줄을 던져 놓고
월척을 기다리는 태공들

침묵 속에 흐르는 시간
낚싯줄 올리고 던지며
가슴이 타도록 기다려도
입질 하나 없는 명당자리
해는 어느새 중천에 올라
태공의 마음 파도처럼 흔들린다

싱싱한 월척 한 마리 올려
소주 한잔 나누며 스트레스
풀어보자며 우릴
낚시터로 인도, 평소
입질 잘하는 명당자리에
낚싯줄을 내려 기다린 동안
태공의 자존심을 버리도록
지혜를 준 귀한 시간이 되었다

매운탕 끓일 고기 한 마리
올리지 못해 미안해 하는
태공의 마음을 위로해주고
신라면 매운탕 끓여
소주 한잔 곁들여 먹어보는 맛
세상의 그 어떤 맛과 바꾸랴

해는 서산에 기울고
월척 낚지 못한 태공은
소주잔에 취해 원망스런
눈빛으로 바다를 바라보며
무거운 마음의 빛 벗어두고
석양을 등에 지고 낚시터 떠난다

별

어둠속 흘러
세상 풍경
구경하는
외로운 별님

별 세계 사연
들려주면
내 받아주고
별들 이야기
시 한 편 남겨 두고 싶소

고요만 흐르는 밤
별님 친구 되어
마음에 담아두고
그 외로움
인생 고독한 마음
세상 향기로 남겨두고 싶어라

4월의 외침

사월이 오면 님들의 외침
가슴 속 메아리로 들려와
아름다운 민주화 꽃 되어
역사 속에 향기를 뿜으며
독재정권 타도했던 함성
민족의 외침 되어 가슴 피어주네

님들의 외침 정의의 외침
죄가 되어 모진 총성 앞에
꽃봉오리 피우지 못한 채
떨어져간 민족의 꽃들
사월에 내리는 비는 님들의 눈물

사월에 부는 바람아
님들의 슬픔을 거두어 가다오
암울한 시대 님들의 분노가
폭발하는 화산 되어 거리마다
골목마다 젊은 용광로 되거라

마냥 불꽃을 피워가는 님들이여
잔인한 사월이 돌아오면
님들의 혈관 속 달리는 붉은 선혈
역사 앞에 찬란한 꽃이 되어
민족의 가슴에 영원이 피어나리

나그네 눈물

봄바람이 내 품을
감싸 주고 간다
꽃향기와 함께
영혼을 기쁘게 하면서
하나님의 사랑으로
계절의 향기 가득 채우며
행복에 젖어보고 싶어라

외로운 겨울 인내로 견디며
생명의 봄을 기다려온
벌거벗은 저 나무처럼
세상 고독 속에 나를 두고
나그네 길을 방황하는 시간들

당신 사랑 향기 되어
지친 영혼들 품어주신 은혜
언제나 동일하게 해주시는 사랑
나그네 눈물을 당신께 드리고 싶어요

여인

인생 여정에서
숱한 사연 마음에
묻어둔 채, 여인이란
이름으로 묵묵히
살아오신 긴긴 세월

세월의 발자취
얼굴에 주름살
하나 둘 늘고
검은머리 파뿌리 되어
힘겨운 세월 돌아보게 하네.

가는 세월 잡을 수 없어
오늘의 삶 아쉬워하며
넉넉하고 포근한 그 마음
마냥 보듬고 싶어라

자식들 위한 일편단심
스스로는 희생하는
아름다움 세월에 묻혀가는
아, 시대의 큰 사랑 – 어머니!

내 마음 온통 드리고 싶소

당신 외로움을
내게 주오
그리고 내 행복은
가져가 주오

당신 슬픔을
내게 주오
그리고 내 사랑을
가져가 주오

당신 외로워
힘들어 하실 때
내 마음을 주고싶어라

당신 마음
무거운 짐을
내게 옮겨주오

우리들
외로운 인생길
당신 손 꼭 잡고
정으로 맺은 꽃잎
길섶에 뿌려가며
사랑의 열매 소중하게
맺어가고 싶소

회상

한가로운 오후
씨디를 통해 들려오는
남행열차 뽕짝을 들으며
진한 커피향에 취해보고 싶다

남행열차를 타고
마음속 정을 보따리에
곱게 쌓아 선반에 올려두고
추억의 여행을 떠나고 싶어라

마음속 시간들을 꺼내보며
소중한 당신과 아름다운
추억을 회상해 보고 싶어요
행복한 시간, 때로는
눈물의 시간들이 마음에
파도를 일으키네

애정을 선물해 준
당신에게 내 영혼을 주겠노라
약속했던 거짓말쟁이 사내
중년의 외로움과 고독을
커피향으로 달래며
남행열차 노래에 실어
보내주고 싶구려

님들의 노래

자유에 굶주려 통곡하던
님들의 눈망울 맺힌 이슬
총성에 찢겨 내뿜은
청춘의 뜨거운 피, 사월의
붉은 꽃 되어 피어오고 있다오

님들의 뜨거운 피
가슴에 보듬어 조국 앞에
겸손히 드리고 싶어
사월의 향기 청춘의 통곡
민주화의 꽃 피워보려고
혁명의 꽃잎을 뿌려준
님들의 사랑 잊을 수 없어

사월의 슬픈 역사를
사랑으로 가슴에 담아둔 채
민주화 역사의 흐름을
잠자코 지켜보는 님이여
그때 그 외침 가슴의
꽃으로 피워내고 있다오

새벽 바다

고요함 흐르는 바닷가
새벽 불청객 위해
사랑으로 밀려오는
청춘의 바다
사랑을 고백하지 못해
하얀 포말을 이루며
이별의 흐느낌으로 부서진다

새벽을 가슴으로 품어주며
물 안개 꽃 피어오르는
Well Beach 낚시터에서
어둠을 헤치고 떠오르는
태양
붉은 정열의 꽃을
가슴으로 받아주며
낚시터의 꽃, 피우고 싶어라

사랑으로 밀려오는
청춘의 바다 Well Beach
바다의 신소리 들으며
내려놓은 낚싯줄 야간 봉
물결 따라 흔들며
정열의 삼바춤을 추고 있네

제3부 | 인생 여정

겨울 바다

솜털 같은 눈이 펑펑
선녀처럼 내려오는 오후
내일은 주말인데
고향에 부모님 찾아 인사드리고
친구들과 오랜만에 술잔 들며
세상이야기 나눌까

가벼운 등산 배낭 메고
겨울 바다 찾아 복잡한
서울 이야기 전해주고
겨울 바다 이야긴 배낭에 담아
친구들에게 전해주고 싶구나

병든 소경

갈보리 언덕에서 세상을 위해
말없이 큰 고통을 겪고 있는
당신 앞에 눈물을 드려봅니다

왕의 패를 달고 신음하시는
당신이 무슨 죄를 지셨나요
아버지 사랑을 전해주고
병든 이를 고쳐주시며

영혼을 위해 자유를 선포하신 것이
죄가 되어 갈보리 고통을 겪는
당신, 그 사랑 망각 속에 잊어버리고

오늘의 세대 세상 풍요 속에
당신을 십자가에 못 박으려고
병든 소경이 되어 가고 있다오

갈보리 사랑
세상을 덮는 사랑이 되어
영원에서 영원까지
생명의 향기가 되어 퍼져가고 있네

황성 옛터

초등학교 4학년 철부지 시절
사범학교를 갓 나오시고
부임하신 멋쟁이 선생님,
우리 반 담임 됐네

민족혼 심어주신다며
가르치신 '황성 옛터'
열정의 화신, 세월 흘러도
영영 잊을 수가 없다

전교생 중에서 유독 우리 반만
오전 오후 두 차례 불렀던 그 노래
옛 친구들과 함께 선생님 모시고
다시 한 번 부르고 싶어

'황성 옛터에 밤이 되니
월색만 고요해… '
마음속 깊은 곳 메아리치는 겨레의 노래
그 시절 돌아갈 길 없어…

블루마운틴 세 자매봉 밑에서
그리운 옛 정 가슴에 담아둔 나
'가엾은 이 내 몸은' 옛 스승님 그리워
가슴엔 눈물만 흐른다.

월급봉투

따르릉 따르릉
전화벨이 체육관 좁은 공간
사무실을 가득 채우고
상념에 잠겨 있는 나를 깨워준다

달력을 보니 친구 월급날
망설임 속에 드는 수화기….
친구 목소리가 들려온다
월급을 받았는데 한턱 쏘겠다며
회사 지하다방에서 일곱시에 만나자며
내 답변 듣지도 않고 수화기를
내려놓는 친구

친구 마음을 나는 알고 있다.
내 입을 통해 듣고 싶은 말
오늘도 아무 말 해줄 수 없는
바보 같은 자신이 미울 수가 없다.

계절의 변화

실개천 흐르는 물소리
봄바람은 새 생명 싣고 와
자연 앞에 풀어주고
마른 가지 새록새록 잎 피우며
철쭉 진달래 피워줄 때
아지랑이 환상 속에 봄처녀
꽃바람 따라 나들이 가자 하네

푸른 잎 여름향기 매미노래
애절하게 들려오는 삼복더위
개들이 수난 겪는 계절
몸보신 감, 보신탕 한 그릇
땀 흘리며 먹어치우고
낮술 한 잔에 여름을 달래보네

오곡백과 위에 익어가는 가을
농부들 애환 담겨 있는 계절
풍성한 수확을 얻어
아들 딸 시집 장가 보내려고
가슴 태우며 한숨으로 보낸 시간
걸쭉한 막걸리 한 잔 술에
석양을 지게에 지고 옮겨가는
아버지 발걸음에
수를 놓아 주고 있는 낙엽

겨울이 시샘하는 찬바람
문풍지를 울려주고
삶 속의 울타리 휘감고 돌 때
건넌방에서 들려온 아버지
거친 기침소리 깊어가는 겨울 밤
고요함을 깨워주면
멀리서 들려오는 새벽 닭 울음소리
애절하게 들려오네

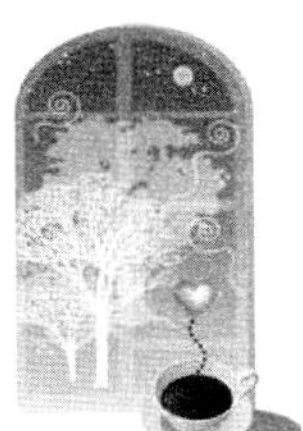

봄 소식. 1

실바람 타고 봄이 오는 소리
버큼힐 산동네에도
상쾌한 아침, 마누라
손을 잡고 산책을 나간다

풀내음 꽃향기 풍겨주는
산책로 따라 걸어보며
왜소해 보이는
아내의 어깨를 감싸본다

우리의 만남 서른 해 흘러
젊은 날 추억도 가물가물
잊혀가는 세월 속에서
오늘처럼 아내의 손을 잡고
포옹해 주지 못한 시간들이
이슬 진주가 되어 마음속에
고요하게 흐르는구나

인생 여정. 1

사랑하는 사람아
내려는 비가 멎듯
인생도 언젠가, 멈출
그 길을 가고 있다오

당신과 함께한 시간들
행복한 순간순간을 소중이 여겨
두 손 꼭 잡고 이 생, 동반자로서
남은 여정 걷고 싶소

내가 사랑한 당신과
삶 속에 외로운 길, 걸어온 나그네 여정
두 송이 아름다운 꽃이 되어
영원히 영원히 함께 가고 싶소

인생 여정. 2

누가 인생을
긴 여정의 길이라 말했소
지나간 세월 돌아보면
사라진 뜬 구름인 것을

황혼녘에 부는 바람
흰머리는 날리고
허전한 마음 스며드는
외로운 가슴

추억 속의 나를 찾아
길손되어 떠나가고 싶소
새벽에 맺히는 이슬보다
허무한 인생
자연을 벗 삼아
내면 속, 날 내어주며
행복을 노래하고 싶소

소망

당신 좋아하는 향기 좋은
꽃이 되어 피어보고 싶어요
당신 가시는 어느 곳에서도
변함없는 꽃이 되어
일편단심 그윽한 향기를
당신에게 전해주고 싶어라

당신 좋아하는 새가 되어
고운 노래 불러 주고 싶어라
당신 가시는 어느 곳에서도
언제나 변함없는 목소리로
당신 창가에 곱게 앉아
고운 노래 불러주고 싶어라

자유를 얻고 싶소

나는 새장에 갇혀
어여쁜 새가 되어
자유를 구속받는 새 보다
푸른 창공을 자유롭게 날아가는
작은 새가 되고 싶다

나는 화원 온실 안에 있는
화려한 꽃이 되어 제한 된
향기를 뿜기보다
들에 핀 이름 없는 꽃이 되어
자유롭게 향기를 마냥 내뿜고 싶소

황혼

화려한 보석이 되어
쾌락의 유혹을 받기보다
찬서리 바람결에 몸을 떨며
깊어가는 가을의 고독 속에
찾아주는 벗도 없는
외로운 들판에 곱게 핀 꽃이 되어
계절의 향기 주고 싶네

서산에 걸려 있는 황혼은
고개를 숙일 수 없어
서쪽 하늘을 온통 붉게 태운다
불타는 황혼을 뒤로한 채
어둠이 내리기 전, 길손은
빠른 걸음으로 가을 길을 걸어간 땅

겨울나무

나무는 자기의 모든 것을
아낌없이 벗어 주었다
마지막 잎새까지 주면서
홀로 외로움을 견디며
겨울 질투를 뿌리쳐야 할
슬픈 사연을 알면서도

겨울의 시샘 속에
고독함을 홀로 달래 보며
뼈를 깎는 고통 중에
봄 소식 희망을 기다리며
겨울나무는 깊고 깊게
뿌리를 내려간다오

청풍명월

한 폭의 산수화
해당화 곱게 피는
명사십리 찾아갈 수 없어도

백로가 훨훨 날고
푸른 물속 물고기
한가롭게 헤엄치며 건들대는
강변에 유람선 띄우고 물고기 벗이 되어
시인의 마음 바람에 띄워보고 싶어라

찬서리 내리는 늦가을
임 찾아 기러기 날아가는 밤
청풍명월 달빛에 젖어
외로운 밤, 홀로 지새우는
임을 찾아가고 싶어라

새벽 시장

과일향 야채 향기
사람 냄새 뭉클한, 활기찬
플래밍턴 새벽시장
다민족 나라답게
피부색 다른 여러 나라 사람들
트롤리를 밀고 당기며
물건 고르는 밝은 눈빛들
어둠속 샛별같이 빛나네

한 마리라도 더 팔아보려고
목소리 높여 고객들 부르는 안간힘
한 푼이라도 더 깎아보려고
흥정하는 현장에서 희망을 본다
바람결에 생선 비린내
때론 역겨움을 치밀게 하지만…

사람들 틈 비껴가며 돌고 돌아
이 물건 저 물건 고르고 골라
트롤리 가득 채워갈수록
지갑속 지폐는 줄어만 가는데도
새벽시장 좋은 건 서로 도움 주는
정이 담긴 만남 때문
그래서 새벽시장은 인정의 꽃도 핀다

이민의 삶 속에 잊혀가던
친구를 시장에서 만나 변해버린
서로의 모습 바라봐도 뜨거운
악수, 거칠어진 손 감각 말 못 하고
이슬 맺힌 눈으로, 연락처
주고받으며 떠나오는 새벽시장
만남의 이정표 되는 곳이란다.

갈보리 언덕

갈보리 그 언덕은
당신을 못 박아 세운
십자가 작은 동산

녹슨 대못 박는 망치 소리
당신의 피맺힌 절규
바람 타고 울려 퍼져
내 가슴에 슬픔으로 메아리친다

수많은 무리들 당신
비웃고 조롱하며 저주할 때
아버지를 부르며 기도드렸던
갈보리 그 언덕을 잊지 못해
숱한 눈물을 뿌립니다

타들어가는 태양 앞에
당신의 피 흘리심
끝까지 용서하시고
당신 사랑 선포하신
갈보리 그 작은 동산을
영원히 사랑하리라

고난의 길

예수님 오르신 골고다 언덕
고통과 수난의 길
당신의 순종하심으로
묵묵히 오르셨던 길

골고다 그 언덕길 희생의 길을
당신 그리움 속에 오르도록
이 손 붙들어 주시오며
순종의 가시밭길 은혜로 걸어가게 하소서

골고다 언덕 희생의 길
하늘나라 소망의 길
생명을 주신 보혈의 길을
당신 손 꼭 잡고 영생을 주실
부활의 길

작품 속에 나

글을 써보고 싶소
심사평을 받은 후
문학의 길 걸어보려고
두근거리는 마음으로
응모하곤 후회도 해본다

문학이 고독한 길인 것을
인생의 외로움 속에서 풀어보며
이 길을 걷고 싶어
내 자신 세상 속에 내어놓고
자신을 한 번 돌아보고 싶다오

내 인생을 세상에 응모하면
어떤 작품이 되어 심사평을
받을 수 있을는지
과연 합격품이 되어 세상의
사랑과 존경 받을 수 있을까?

어차피 세상에 태어나
세상에 응모할 작품이라면
뼈를 깎는 노력으로
인정받는 귀한 작품이 되고 싶소

부족함을 채우면서
인생에다 영혼을 담아
문학을 펴 가는 문사로서
문학의 꽃을 피워보고 싶소

인연

세상 속에 너와 나
인연이 되어 가족을 이루고
인생길 험한 길을
두 손 잡고 함께한 시간
아름다운 추억이 되어가네

그리움 사모곡 되어
눈물 보따리 가슴에 묻고
슬픔을 바람 끝에 보내며
시드니 봄 소식 희망을 심어
이민의 아픈 상처를 치료해 보려네

강물

깊은 산속
한 방울 두 방울 모인 계곡물
섬진강 굽이굽이 돌고 돌아
임실 운암 호수를 이루고
맑은 물은 하늘 정기를 품어주며
물속 잉어, 메기, 쏘가리
시절을 만나 신나게 춤을 추고 있네

섬진강 맑은 물은
운암 발전소를 돌려주고
칠보 발전소를 돌리면서
동진강 젖줄이 되어 흘러
만경평야 광활한 들판을
옥토로 만들며

황금빛으로 덩실덩실
춤을 추는 풍요 속에
동진강 푸른 물은
도도히 서해로 흘러든다

품앗이, 정. 1

우리네 정 품앗이 정으로
농촌 일손을 꾸려가던
품앗이 추억 찾아볼 수 없네
서로 협력하여 도움 주던
정으로 엮어진 값진 미덕

가진 것은 없어도 넉넉하고
풍족한 마음, 인정이
넘쳐나는 후덕함 속에
정과 덕으로 엮어가던 우리네 삶
서로 화합하여 도움주던
품앗이 그 정 몹시도 그립구나

품앗이, 정. 2

가난의 허리끈 질끈 동여매고
어려운 보릿고갤 넘기면서도
오랜 세월 정으로 맺어온
품앗이 그 아름다움이 민족의
향수가 되어 슬픔으로 다가오네

산업사회 버림받은 옛정
민족의 정, 품앗이 풍조가
돈으로 샘하는 사회, 품앗이
넉넉한 인정은 메말라
세월 속 바람에 잠들어 간다

그때 그 시절 민족의 향수
품앗이 옛정 그리워
황금빛으로 출렁이는
들판을 가슴으로 품어보며
황혼 속에 아픔을 달래보려고
태평가를 불러보고 싶어라

열풍

열풍으로 한증막 같은
시드니 여름 너무 무덥다
선풍기는 시원한 바람을
불어내지 못하고 열바람 내며
짜증만 돌리고 있구나

해는 서쪽으로 기울어 가고
열은 식을 줄 모르고 열풍은
호흡하기도 힘겹게 하네
흐르는 땀으로 머리가 아파
피곤에 지쳐버린 몸 쉬고만 싶어

베란다에 자리를 깔고
어둠 속 별 하나, 둘, 셋
옛 동무처럼 내 품에 내려오네
모기향 피워놓고 별 친구 되어
마음속 이야기나 나눠 보련다

생각

시원한 바람 감사하여
시 한 편 써보려고
커피를 타본다

테이블에 커피잔 내려놓고
마음을 열어보고 생각해봐도
세상 일들 가득 쌓여
혼란스런 마음, 시 한 편
꺼내볼 수 없을 것 같아

팔베개 스르르 눈을 감고
꿈속에서 찾아보고 싶어진다
시 한 편 낳을 수 없다면
수필로나마 마음속 집념을
세상에 알리고 싶어진다.

인생 철학

인생철학을 버려라
그분 철학을 배워보면 어떠할까
인간 지식으로 만들어낸
철학은 그분 철학을 따를 수 없고
가슴에 품어줄 수 없는 벽이 된다

인간은 그분 철학 속에
인생철학을 접목시켜
편리한 삶 속에서 나를 두고
인생 여정 걸어가고 있지만
외롭고 고독한 길을 가는 것이
인생일 줄이야

나를 그분께 드릴 때
포도나무에 접목하시고
아침 이슬 같은 단비를
영혼 위에 부어주시는 그분과
함께 인생 철학 배우고 싶소

제4부 | 망월동 침묵

망월동 침묵

5월의 슬픈 달빛 아래
민족 위해 목이 터지도록
소리쳤던 광주의 함성
계엄군의 적이 된 시민들

사랑하는 나의 아들
내 형제, 내 오빠
동생뻘 군인들, 총성 앞에
잡초처럼 쓰러져 간
금남로 · 충장로 피의 거리

젊은 열정 받쳤으나
뜨거운 꽃 피우지못한 채
시든 차디찬 꽃망울들

망월동에 잠든 님들이여
민족의 화해를 외친 함성
민주화의 꽃으로
영원히 피어나라, 겨레의 가슴속에

거울 속에 나를 두고

일 년을 보내면서 거울 속
나를 불러본다.
춘삼월 보던 얼굴 간 곳 없고
'눈가에 주름 한숨을 만든다.

세월을 속일 수 없어
자연 속에 변해가는 모습
거울 속 나를 붙들고
인생의 고민을 말해보고 싶소.

팽팽한 젊은 청춘
거울 속에 숨겨두고
숨차게 걸어온 길
신호등에 차가 멈추듯
거울 속 나를 꺼내버리고 싶어라.

가는 세월 붙들어 엮어두고
눈가에 주름 펴보고 싶어
서울여행 가자고 유혹한다.

무심천(無心川)

여름 장마 황톳물
외나무 다리 밑으로
남천물 넘쳐 흘러갈 때
대원사 스님 텃밭 나와
토방 마루 기대어
피곤한 몸 잠들어간다.

노을지는 석양 아래
외나무 다리 놀던 아이
물에 빠져 영혼은 잠들고
여인의 피맺힌 절규
선잠 깬 스님 나무아미타불
합장한 손끝이 떨려오네.

극락왕생 염불 속에
아들 영혼 남천에 띄우고
속세를 작별하는 여인
슬픈 눈물 말라버린 것처럼

물줄기 끊겨버린 남천
무심천이 되어 세월 속에
깊이 잠들어 가는구나.

민족의 큰 기둥 백두산

민족의 영산
성스러운 백두산
천지에 선녀들
하늘에서 내려와 놀던
선인도 백화원 학이 놀던 방학대

백두산 민족의 성산 겨레의 기둥
굽어보는 동서남북 광활한 대륙
조상들의 혼령 묻혀있는 겨레의 땅
백의민족 품으로 언제쯤
장백산 정기를 품어 찾아올까?

장백폭포 떨어지는 굉음
민족의 혼 다시 일깨워 주고
깊은 계곡 호랑이 포효할 때
민족의 젖줄 물 되어
오천 년 겨레역사 지켜보며
두만강, 압록강, 소화강 고루 출렁이며
도도히 흘러가리

경인년 새해 찬란한 아침
백두산 호랑이 함께 노닌 백의민족
기상을 드높이며 배달겨레
푸른 정기 가슴에 품어안으며
말발굽소리 대륙을 지배하던
당당한 선조들 기상을 떠올려
반만 년 새역사를 써보고 싶어라.

포장마차

당신 떠나버린 빈 자리
세월의 눈물로 채워주고
겨울 칼바람 얼음바람
심술부리며 찾아올 때

포장마차 주인아저씨
전라도 구수한 사투리 친구삼아
삼학 소주잔 입술에 부어
목구멍 타고 흐르는 쓰라림에
몸을 떨며 일그러지는 얼굴

뜨거운 어묵 국물로
뼛속 깊숙이 파고든
추위와 술기운 녹여주며
부어라 마셔라 술에 잡힌 영혼
잔 속에서 춤추려 든다

빈 병은 늘어가고
겨울 외로움과 함께 마셔버린
술, 취해버린 몸뚱어리
회색빛 달 아래 그리움
당신에게 전해주고파
천 년의 학 되어 날고파라

완행열차

가을 잎새 빨간 꽃잎 피우며
늦가을 무서리 내리는 들녘
황혼 속에서 전해주는 들국화
향기를 가슴에 담아 두고 싶어

외로운 밤 완행열차에
몸을 싣고 고향으로 떠나는
푸른 잎새의 눈물
가을비가 되어 내 가슴
촉촉이 적셔주고 있다오.

기약없는 이별
완행열차도 가슴이 아파
통곡하듯 여운을 남겨두고
이슬비 속 어둠 헤치며 떠나가는
검은 철마를 보내주며

그리운 사람 데리고 간
철로 위에 뚝뚝 떨어지는
사내의 뜨거운 눈물
가을 낙엽과 짝을 이룬다

봄 소식. 2

물안개 스며들 때
건들건들 춤을 추는
아지랑이 유혹 속에 봄이 오는 소리

깊은 계곡 물소리
굽이굽이 흘러, 겨울
깨워주며 봄 소식 전하고

긴긴 잠에 눈을 비비는 나무들
초록 잎을 띄워주며
기지개 피는 소리에 산새들
푸드득 푸드득 하늘을 향해 홰를 친다

꽃들의 향연 마련하여
흘러내린 자연의 음악소리
얼어붙은 마음 녹여주며
봄바람 따라 날아가고 싶어한다.

폭죽

한 해를 보내고
새해를 맞이하는 시간
짧은 그 순간 세상은, 온통
들떠 야단법석을 떤다.

세계 여러나라들 경쟁 하듯이
폭죽 터뜨리는 낭비문화
천문학적 돈이 든다, 지구상에
가난에 찌들어 죽어가는 영혼들 숱한데도

지구촌 구석구석 경제도 어려워
힘이 들어 삶을 포기하려는
이웃들이 적잖은 세상
폭죽의 낭비 대신
가난한 이웃들에게 뜨거운 온정을
베풀어주면 얼마나 좋을까

더불어 살아가는 사회
그런 사회가 행복한 세상을 만들어
희망의 꽃 피울 수 있으련만……

춤을 추고 싶어라

꽃샘바람 문풍지 흔드는 소리
마음속 깊이 숨겨둔 작은 꿈
바람 유혹 속에 보내줄 수 없어
몸을 움츠리며 숨어 본다.

오월의 따스한 햇살
눈이 부시도록 아름다운
젊은 미소를 전해주는데
뒷산에 뻐꾹새 슬피운다.

황혼이 타버리는 석양의 낙조
허탈감 속에 찾아오는 고독
가난해도 풍요로운 여유 속에
마음의 선물 꽃 한 송이 들고

외롭고 쓸쓸한 고뇌의 그림자
어둠의 그늘로 찾아오고 있을 때
고향의 흙내음 하도 그리워
어둠속에 내리는 빛 속에
인생의 무거운 짐 훨훨 벗어 던져
알몸으로 춤 추고 싶어라.

블루마운틴

달빛 나뭇가지에 걸려
흐느껴 울 때, 풀벌레
밤새도록 함께 울던 밤
외로움과 아픔 감싸주던
어머니 품 같은 블루마운틴

어둠이 차츰 깊어가고
베란다에서 바라보는 별들도
유난히 빛나자, 앞서간 세월
아름다운 추억으로 다가온다

달빛도 부끄러워 고개 숙인
블루마운틴 한 폭의 그림
이따금 들려오는 개 짖는 소리
블루마운틴 평화를 깨고 있네

긴긴 밤을 뒤척이며 쉬는 한숨
아픔과 고독이 함께한 세월
뜨거운 가슴 비로 내리고 있네

블루마운틴 차가운 바람에
세상 슬픔 실어 보내주고
고향 같은 시드니로 가기 위해
세 자매봉과 서둘러 작별인사 나눈다

바다의 고통

삼복 지난 여름 햇살
늘어진 수양버들
바람 따라 춤을 추고
해님 서산마루 걸터앉아
가슴 열어 노을빛 남겨줄 때
황금 물결 들마다 춤춘다

젊음과 낭만, 설레던 바다
여름 향연 지나간 빈자리
해수욕장에 버려진 쓰레기
바다에 아픔 남겨둔 채
바람처럼 떠나버린 사람들

그 고통 삭히지 못해
바다는 오염 속에 병들어
아픔을 호소해 오는데도
신비의 세계를 모르는 사람들
바다를 제가슴으로
품어주지 못하고 외면해버린다

새벽 낚시터 (1)

어둠이 잠든 새벽 낚싯터
발밑에 찰랑이는 파도소리
이쪽저쪽 살몬을 올리는
태공들 함성 고요를
흔들어 깨워주고 있다.

초보인 내게 던지는 요령
잡아채는 요령 설명해주고
낚싯대를 넘겨주면서
정어리 한 봉지 건네주곤
블랙피쉬 잡으려 간다.

낚싯줄 멀리 던져내리고
기쁜 소식 기다리듯 촉각을 곤두세워도
입질 소식 아예 없어
낚싯줄 올려보면 미끼는 간 데 없고
빈 낚싯바늘만 대롱대롱
초보자 마음만 안타깝게 한다.

바닷물에 목욕하고
떠오르는 수줍은 햇빛
낚싯터 고요함 파도에 잠들고
물보라 파도 무지개 띄워줄 때
정어리 낚싯밥 갈매기
풍성한 식탁 차려주고
빈 낚싯대를 거두어 들어온다.

새벽 낚시터 (2)

해가 얄밉도록 중천에서
뜨거운 입김 불어주자
태공의 초조한 얼굴에 땀방울 맺혀
더욱 초조하게 보이는구나.

물때가 맞지않아 블랙피쉬
입질 없다며 미안해하는 태공
오징어 낚싯대 건네주며
횟감을 준비해 보라고 권한다.

처음 그 자리 낚싯줄 멀리 내려두고
바라보고 바라봐도 소식 없는 줄
옆 태공은 수시로 살몬을 올리고
갯바람만 내 마음 달래주고 간다.
갈매기 노랫소리 처량하게 들려오고
낚싯줄 걷으러 마음 준비하는데
내봉이 깊게 내려가고 낚싯대 끝
바다 향해 큰절 올려주네.
가야금 소리 낼 것 같은 팽팽한
낚싯줄 올리는데 힘이 든다.

풀어주고 튕기며 밀고 당기며
오징어 끌어올릴 때 옆 태공 묻는다.
낚시 몇 년 하셨소.
세상 태어나 태공들 함께 기쁨을 나누며
오징어 회 만들어 태공들과
회 잔치 벌리는 주인공 되어
석양을 등에 지고 낚싯터 떠나올 때
갯바람 살며시 찾아와
나를 포옹해주고 사라진다.

술

즐거워서 마셔보는 술
괴로워서 마셔보는 술
피로를 풀려고 마셔보는 술
잡담 속에 마셔보는 술

고독을 달래보려고
술잔에 외로움 담아
허전한 마음으로 마셔본 술
술 속에 실언과 망언
오가는 욕설 삿대질
서민들 애환 정으로 엮어진다

허기진 배 채우려고 뚝배기
한 잔 술에 가난의 서글픔
바람에 실어 보내곤
귀뚜라미 울음 귀 기울이는
가슴 아픈 가을 밤!

가진 것 없는 가난한 나그네
한 잔 술 애주가 되어
별을 헤아리던 시절 그리워
달빛 아래 여자의 벗은 몸
황홀함에 취해보며
불러보고픈, 태평가!

겨울나무의 고독

푸른 가지 하늘을 덮어
무덥던 여름더위 식혀줄 때
가지에 둥지 틀고
가족을 이루며 노래해 주던 새들
철 따라 떠나버린다.

가을 속에 옷을 벗어주고
겨울을 기다리는 운명
가까운 친구들 하나 둘 떠나가면
홀로 외로이 견디는 인내로
사랑의 새잎을 새록새록 피우려고
미래 위해 뿌리를 내려간다.

자연 따라 찾아올 연인 같은
새로운 친구들 기다리며
따뜻한 가슴으로 포옹해주려고
뼛속 깊숙이 파고드는 칼바람
고독한 외로움과 맞서
가슴 뭉클한 사랑으로
겨울 질투를 이겨보고 싶다.

주름선

젊은 날 고운 얼굴
윤기 흐르는 팽팽한 얼굴
결혼하여 아들 딸 키울 때
고운 얼굴 주름살 만들어 가네.

거울에 비치는 얼굴
중년의 주름 실강 이루고
여기저기 소리없이 흐른다.

주름선 선명할수록
신뢰하는 미덕을 쌓아
진실 앞에 무릎을 꿇게 하네.

인생의 여정 속에
피할 수 없는 선물 주름살
성형으로 숨겨 봐도
세월 따라 또 찾아오는 헛수고

깊고 오묘한 얼굴의 주름살
세월 속에 숨겨둔 인생이야기
뼛속 깊이 저려오는 삶 속에서
주름살에 흐르는 사랑
가슴으로 보듬고 싶다.

남쪽에서 오신 손님

따뜻한 남쪽에서 오신 손님
훈풍따라 봄 소식 전해주고
마른 가지 새록새록 푸르른 잎 돋아
진달래 철쭉 곱게 피워주고
봄바람에 꽃향에 전해준다.

봄이 떠나는 이별의 슬픔
바람에 흔들리며 떨어진 낙화
꽃잎은 바람에 흩어지고
수줍은 열아홉 봄처녀
봄. 꽃길을 걸어가면서
갈 곳 없이 방황하는 나그네
길동무 되어 주고 싶어라.

바다의 질투

목포에서 떠나가는 여객선
춤추는 파도에 곡예하듯
검푸른 바다를 헤쳐간다.
하늘에 마른번개 번쩍이며
무거운 천둥소리 울어줄 때

거친 바람 파도는 높아가고
승선한 사람들 침묵 속에
갈매기 노래하며 춤을 춘다.
어디서 몰려왔나 비구름
소낙비 되어 바다 위에 떨어진다.

갈 곳 멀고 파도는 거칠어
배멀미 아우성, 힘에 겨워
불안과 공포에 떠는 얼굴들
비린내 역겨운 바다
흙내음 그리워지는 폭풍우 속

바라보고 바라봐도
바다 위 홀로 떠 빗속에
목적지 찾아가는 힘겨운 여행
오랜 시간 바다의 질투 속에
외로움 이겨내고 맡아보는 흙내음
가슴속 깊이 파고든다.

복사꽃 필 때

복사꽃 고운 자태 피워줄 때
해님 넘어가는 아리랑 고개
산등성이 단풍든 석양 노을
춘삼월 피워주는 꽃향기 속에
청춘의 춤을 추어보고 싶어라.

바람에 흩날리는 꽃잎
내 마음 슬픔으로 떨어지고
복사꽃 향기 바람 따라
옛친구 찾아 길 떠난다오

봄 소식 전해주며 피는 꽃
오고는 길손 향기 유혹에
가는 걸음 멈추고 잠시 머문다.
괴나리봇짐 꽃잎 위에 내려놓고
풍년초 입에 물고 긴 한숨에
해님은 황혼 속으로 숨어들자
외로운 나그네, 홀로 길 재촉할 때

어둠속에 찾아온 달빛에 젖어
복사꽃 향기 속에 걷고 싶어
나그네의 무거운 발걸음 소리에
멀리서 들려오는 개 짖는 소리
밤의 적막을 흔든다.

제5부 | 꽃의 향기

친구

고향 떠나 외로움 속에
술 한 잔 나누며 수 인사
손을 잡고 만든 술 친구
술 깨어보니 떠나고 없네

겉모습 친구를 사귀지 말고
정으로 맺어가는 친구
깊게 사귀어 마음 내주고 싶어
문학협회회원으로 인사를 드렸다오

진실과 신뢰를 쌓아가며
정 주고 사랑으로 맺어가는
오랜 지기 끈끈한 친구가 되어
아름다운 추억 서로 가꾸며
시 한 편 적어보고픈
고독함을 한 잔 술로 달래보는
마음이 풍요로운 문학협회 문사님들

연민의 삶 속에 묻어나는
마음속 그리움, 상대의 행복을
시와 수필 향기로운 난초와 같은 언어로
사랑 심고 문학의 씨 뿌려
아름다운 꽃을 피우고 있다오

보내는 12월

재정부 사무실 좁은 공간
선풍기 바람 속에 땀 내음
여인의 향내 정겨워
피곤함 속에 서로들 친구로서
오후 시간 함께하고 있네

손꼽아 십이월을 기다리며
달력에 동그라미 그리며
아이들처럼 환한 웃음 행복한 웃음으로
임 기다리듯 기다린 십이월
우리 모두에게 찾아오자 친구는
재정부를 떠나려 준비하고 있네

하얀 눈송이 소복이 쌓여있는
공원길을 걸을 수 없어, 아쉬움
조금은 있지만 십이월 꽃향기처럼
우정의 향기 속에 친구를 보내련다

친구야 수고했어
포근하고 넉넉한 마음으로
십이월을 행복하게 보내며
마음속 하얀 눈으로 세상을
아름답게 덮어 보렴
하얀 눈송이처럼 하얀 마음으로
시드니 여름 향기를 전해주고 싶어

백산

만경평야 넓은 들판
여인의 젖가슴처럼
들판에 홀로 앉아있는 산
깊은 계곡 웅장함은 없어도
민초들의 함성, 동학의 슬픈
역사를 온몸으로 지켜온 산

생명의 젖줄
동진강 흐르는 호남의 곡창
만경평야를 가슴으로 품어
자비로운 모습으로 서해를 바라고 있는
어머니 같은 포근하고 따뜻한 산

동학의 함성 메아리치던 성지
흰옷 입은 민초들이 움직일 때
학이 춤추듯이 산을 덮는 풍경
동학의 깃발이 펄럭일 때마다
거센 파도가 출렁이던 산

탐관오리들 부패와 폭정
민초들의 통곡과 분노는
하늘이 열리는 피맺힌 외침
거룩한 함성으로 바람 타고 흩어졌다

평등사회 이루어
아름다운 새세상을 꿈꾸던
동학도 백산의 외침은
역사 속에 묻혔지만
동학의 후예들은 가슴에 영원하다

금산리 마을. 1

철쭉꽃 개나리 필 때
휴전선에도 봄 찾아오고
아지랑이 산허리 감고 돌아갈 땐
금산리 아가씨들 산나물 캐는
어여쁜 모습 초병의 마음을 흔들어놓는다

도라지를 캐고 더덕을 캐며
이리저리 옮겨 가는 모습 속에
연민의 정을 느껴지만
3.8선 표지판이 가로막아
초병의 마음 전할 수 없구려

철쭉꽃 한 송이 전해줄 수 없는
당신과 나의 슬픈 현실
운명으로 받아들이긴 가슴이 아파
몸부림치는 이 마음을 알고 있나요
사랑하고픈 금산리 아가씨
그대 이름을 불러볼 수 없나요
그대 나이는 열아홉 순정인가요

적막감만이 흐르는 휴전선
달빛 내리는 초소에서
그대 그리움 가슴에 품건만
외로운 초병의 마음 전할 길 없어
슬픈 자화상을 그려보는
초병의 마음 그대는 알고 계시나요

금산리 마을. 2

복사꽃, 살구꽃 향기 퍼져가는
금산리 마을 이글이글 타오르는 여름
검은 몸빼 흰 저고리 다소곳이 입고
밭 매는 금산리 어여쁜 낭자여
강렬한 햇볕 뜨거운 뙤약볕에
당신 고운 얼굴 태우지 마세요

사랑하고픈 금산리 낭자여
산자락에 곱게 핀 들꽃을 꺾어
이름모를 무명용사 무덤 위에 꽂아
당신 사랑을 전해주오

당신 이름 알 수 없어
개나리라 불러보며 먼 발치에서
바라보는 애틋한 마음
복사꽃 향기 같은 미소속에
손을 흔들어주던 당신에게
마음속 정을 주어버린 초병

당신 그리움 속
내 가슴에 피는 꽃, 열꽃으로 피어
당신 나비 되어 찾아오기를 기다린다오
남과 북 벽을 넘을 수 없는 현실
검은 구름 어둠속 땀에 젖은
당신 저고리 바라보며
초병은 가슴속 눈물을 흘린다오

금산리 마을. 3

철 따라 금산리 마을에도
가을은 찾아오고 있구려
외롭게 핀 들국화 향기
바람에 실려 당신 정과 함께
내 가슴을 채워주고 있다오

낙엽이 흩날리는 휴전선
낭자여 당신은 어디로 가시나요
당신과 헤어질 슬픔 속에
가을 낭만을 노래할 수 없다오
개나리 낭자여 당신 고운 자태
내 가슴에 소중히 담아두고 싶소

당신 고운 얼굴 위에
가을비 내리고 풍만한 그 몸매
이별의 서러움도 모르는 양
황혼녘 지는 석양 등에 지고
산등성이를 넘어가는 낭자여

당신의 아름다움 가슴속에 품고
애정의 꽃을 홀로 피워보던
휴전선 초병은 개나리 당신
마음속 사랑을 버릴 수 없어
통일-
오직 그날만을 애타게 기다려요

가을 고독

가을의 그 고독함 누가 알겠소
가을마다 찾아오는 슬픔을
세상 속 너와 나는 가을의
풍요로움을 노래하고 있을 때

가을은 자신의 모든 것을
계절 속에 돌려주고
겨울을 기다리는 인내 훈련한다오
늦가을 찬서리에 몸을 떨며
꽃을 피우는 들국화는
가을 향기를 전해주고 있다오

나는 미래의 꿈과 희망을
영혼속에 소중히 담아두고
사랑할 수 없는 이 가을
겨울로 넘겨주며
외로움을 가슴 깊이 새겨
간곡하게 기도하고 싶소

자유

사랑을 속삭이듯
내리는 보슬비 속
맨리 비치에서
고향 땅 그리워
눈물 젖는 친구의 모습 속에
외로움을 느껴본다

한 잔 술에 취하며
고독을 달래보던 정이 많은 친구
사랑이 가득 담긴 고향 편지
가슴에 품어보며 흐느끼는
모습 속에 세월을 잃고 싶소

마음대로 돌아갈 수 없는
바다 저편 고향을 그려보며
사색에 잠겨있는 친구의 모습
너무도 연약하게 보이는구나

신발 없는 시드니에서
가슴 조이며 보내버린 세월
강산이 두 번 바뀌는 이십 년
불안 속에 마음이 숯덩어리로
변해버린 고독한 친구야

이십 년 세월 속
가슴에 묻어둔 슬픔을
보슬비에 흘려보내고
가슴에 맺힌 그 응어리를
세상에 토해내고
친구여
자유를 외친들 누가 뭐러 말하겠나

그리움

구름 위에
정을 실어
임에게 전해볼까

오늘도
석양 지는 황혼 속에
그 규수 홀로 기다리고 있다오

구수한 사투리에
정을 주어버리고
임이라 부르며
오시는 날 기다리며
석류꽃 피우고
규수 홀로 가을 밤을 견디고 있다오

구슬픈 사연
정으로 맺은 일편단심
임을 기다리는 그리움

오해 속에
석양은 저물어가고
규수 홀로 외로움 달래고 있다오

독서

아침저녁 썰렁한 바람
가을이 대문 밖에서 손짓하고 있네
코스모스 핀 신작로 고추잠자리
하늘 아래 날아가며, 가을
소식 전해주고 있다오

가을이 찾아오면 우정 나눈
친구들에게 편지 한 통씩 쓰고 싶어
지혜와 철학이 담긴 책을 보고싶구나
컴퓨터 이메일로 보내기보다는
문장 하나하나 정성껏 써보고싶네

옛 성현들 호롱불 아래
책을 읽었던 것처럼
선들바람 부는 독서의 계절
책을 통해 얻는 지혜로
마음의 양식을 풍요롭게 삼아

정보화 시대 경쟁 시대에
한글 사랑 나라 사랑
세계 속에 우수한 한글로
시 한 편 적어 옛 친구에게, 시드니
나그네 사연 전하고싶다.

탁주

가뭄에 갈라지는 논바닥을 보며
한숨과 함께 들이키는 탁주 한 잔
원망스런 눈빛으로 하늘을 봐도
검은 구름 한 점 없는 맑은 하늘
비구름은 어디로 숨었나

논두렁에 앉아서 뙤약볕에
고통을 겪는 벼포기들 보면서
괴롭고 슬퍼서 마셔보는 한 잔
검게 그을린 얼굴에 취기가 도네

석양을 등에 지고 돌아오다
무거운 발걸음은 동구 밖
주막에 멈추고 외상술 마시며
온종일 애 태우던 근심걱정
저물어가는 석양에다 지워 보내고

마중나온 막내아들 등에 없고
거짓 태평가를 부르는 야릇한 가락
하늘 향해 울부짖는 통곡
땅을 지키려는 농부의 몸부림
어둠이 깔리는 마을 메아리로 퍼져가네

Baulkham Hills에서

친구들의 노랫소리, 꽃향기
희망 속에 새벽을 열어 본다
침묵의 흐름 고요함 속에
날 부르는 친구들의 합창 소리
우렁찬 그 노래 들으면서
진한 커피향 속에 행복을 전해주련다

파아란 하늘 푸른 숲
자연의 아름다움 속에
별빛 쏟아지는 밤이면
부모형제 그리워 흘린 눈물
가슴에 담아 두고

고향 떠난 삼십여 년
미운 정 고운 정 다 들어, 이제
정 때문에 떠날 수 없는
Baulkham Hills
다정한 친구들 노랫소리
자연의 풍요로움 속에…

두고 온 짙은 향수
달래보며 친구들과 함께
행복한 노래를 부르리
자연 속에 시 한 편 띄워 보내
사랑가를 불러본들 어떠리
내 삶에 뿌리를 내리는 Baulkham Hills에서.

바다

검푸른 바다가 평온 속에
어깨춤을 추듯 춤을 추네
갈매기는 흥을 돋구려고
신나는 곡조 노래부르네

갈매기 한 숨 돌리니
미풍에 잔잔해진 파도
춤사위 살며시 내려놓고
숨고르듯 고요함에 젖어 있네

바다 위 갈매기 노랫소리
어느덧 애절하게 바뀌자
출렁이는 바다 비탄에 잠기네.

마음

하얀 꽃이 좋아, 그처럼
하얀 마음으로 살고파
시간 속에 정 주고 살아온 세월
흘러간 세월만큼 얼굴엔 주름살이
하나 둘 선을 만들어가며
인생 여정을 말해 주는구나

나는 그래도 하얀 꽃처럼
하얀 마음으로 사랑하리
영혼의 쉼을 얻기까지
세상을 하얀 마음으로
따뜻하게 사랑하리라

이 세상은 빨간 꽃이 되어
영혼을 흔들며 유혹해도
하얀 꽃 되어 사랑의 향기를 주며
행복한 마음으로 포옹하는
순결한 한 송이 백합이 되고 싶어요

가을 여인

푸르던 잎 곱게 물든 잎새
떨어지는 낙엽을 보며
가을을 사랑했던 여인

길가의 코스모스 향기에
마음 설레이는 하룻밤
구슬픈 귀뚜라미 울음에
잠 못 이뤄 창문을 열고
달빛에 숨어버린 마음속
연인을 사랑하듯
가을을 사랑하는 여인

잎새 떨어진 나뭇가지에
홀로 남은 마지막 잎새
가을의 사연을 듣고 싶어
바람에 흔들리며 기다리는 가을 여인

가을의 낭만 가을의 고독을
사랑으로 포옹하며 노래하던
가을을 사랑한 사람

밤새 내리는 찬 이슬에 젖어
외로움을 견디는 들에 핀 들국화는
가을의 고독을 뿌리치며
깊어가는 가을 향기를 전해주고 있는데

가을밤의 외로움을 홀로 달래며
달빛에 젖어 밤에 피는 하얀 박꽃처럼
소박한 애정의 꽃을 피워
깊어가는 가을밤의 사연을
마음에 묻어두고 사랑의 꽃을 피워보려는
가을을 사랑했던 여인

인생

너와 나 하루하루 보내는
덧 없는 세월이란 역사 속의
어둠속 별을 찾아보며
내일이란 언어 속에 희망을 새겨본다

시간은 역사 속에 숨겨지고
인생 또한 역사 속에 잠든다
시간이란 공간 속에서
인간의 욕망을 가득 채운 배를
세상 속에 띄워보지만
인생이란 초라한 작은 배

소리없이 세월의 물결 속에
흔들리며 명예보다 소중한
시간이란 문화를 가볍게 여기는
가박란 삶의 현실

명예 따라 권력 따라
항해하여 포구에 닻 내려보니
친구 떠난 주막, 나그네 홀로
세월의 술잔을 마시게 되네

인생의 소중함 마음속 깊이 간직하여
희망의 작은 배 겸손히 저어가리
예수 사랑 그 배를 쉼 없이 저어가고싶소

꽃향기

그대여 마음을 열어주오
사랑 속에 피어나는 샤론의
꽃을 그대에게 전하고 싶어요
가시덤불 같은 미움, 시기
바람처럼 찾아오는 질투
마음 아파 슬퍼 울지 마세요
용서하는 마음으로 포옹해주며
사랑한다는 다정한 그 한마디로
그대 마음에 사랑의 꽃을 피워주고 싶어요

꽃은 환경의 지배 받지않는다오
어느 곳에서도 자신의 아름다움을
아낌없이 보여주며 고유의 향기를
세상속 조건 없이 모두 내어 주면서
시간 속 계절 따라 순종하여
꽃의 사명이 변함없는 사랑으로 다가오듯
마음 아파 울고 있는 그대 가슴속에
예수 그리스도 꽃을 피워드리고 싶어요

그대의 꽃 가시 속에 핀, 백합을
꺾지 마세요 바라만 보세요
그대 꽃향기 소중함을 잊지 마세요
꽃을 꺾어 깊은 상처를 만들지 마세요
그대 아픔과 고통의 슬픔 속에 핀 꽃
한송이 꽃을 피우시려고 숱한 밤
눈물로 지새우며 사랑의 꽃으로 찾아오신
그대의 꽃 영혼을 위해 전해주는 사랑의 향기는
그대만이 소유하고 있는 자유의 외침

희망의 꽃

어둠의 터널 흑암의 골짜기
벽이 없는 감옥 창살 없는 그곳
유혹의 물결속 흐느적거리며
중심 잃은 광란속에 병든 육체
물거품처럼 부서져가고 있네

너와 내가 존재함으로
오늘 우리는 내일이란 미래를
이야기하며 자본주의에
귀속 돼버린 슬픈 인간이 되어
인간의 존엄성을 포기한 채
현란한 세상 조명아래 영혼을 파는 시대

어두운 그늘 병든 세상
탐욕, 그 끝없는 욕망, 죽음의 몸짓
자본을 소유하려는 눈빛 속에
인간의 야망이 타오른다
부질없는 욕심을 따라
영혼은 황폐하게 병들어가며
우울한 시간 속에 삶을 포기하려 하지 말고

영혼이 병들도록 버려두지 말고
숨을 고르듯 자연을 산책하며
예수그리스도 말씀을 묵상해보자
말씀 속 평안이 자유롭게 하신다오

부자에 비유를 묵상해 보세요
세상 욕망은 허무해 잡을 수 없는 것
삶에 가치를 상실하여 신뢰가 무너져
파괴되어 가는 슬픈 현실
나는 예수 소망, 작은 희망의 끈을
꼭 잡고 우뚝 서리 황폐한 이 땅에 희망의 꽃으로….

나무

가을을
노래할 수 없는
슬픈 영혼
바람에 밀려 흔들리는
여름날 추억

자연의
섭리에 순종하며
자신을
주어버리던
나무
낙엽이란 이름
벗어주고
벌거숭이 몸이 되어
겨울을 기다린다

겨울의
혹독한 시샘
견디지 못하면
봄 희망을
노래할 수 없어

삭풍 속에
몸을 떨며
추위를 견디려고
고통 중에도
뿌리를 깊게 내려가던 너

겨울 밤
은빛 속에
내려오는
달님의
사랑을 받으면서
희망을 노래하는

너를 두고
겨울 나그네
외로운 발자욱
남기며 떠나간다

가을

영혼이 눈뜨는 사색의 계절
청명한 가을 하늘
커피 한 잔 친구 삼아
마음 양식 얻어 보려 독서하며
인생 그 삶에 대해 한 번쯤 생각해 보면서
내 자신을 가을 속에 가두어 두고 싶다

쓸쓸함 그리고 고독의 그늘아래
인생의 여유를 버리고
철저하게 혼자 되어 외로운 길 걸어가며
가까운 친구 소식 들으며
우리 삶 속 우정을 생각해보련다

외로움이 내 발끝까지 풀려
허전한 감정에 고독을 느껴 보면서
내가 호흡하며 함께할 이웃이
가을의 낭만 속에 나를 강하게 만드네

가슴 벅찬 그리움
내 속에 숨겨 두기에 너무 소중하여
갓 태어난 어린 아이와 같이
태고의 신비를 소리쳐 보며
겨울이란 계절이 남아 있기에
희망 속에 가을을 노래하리라

제6부 | 기도의 꽃

중보 기도의 꽃

세상 권력을
믿음으로 이겨가며
생명을 걸고 기도했던 다니엘처럼

기도 드리는 여인들
중보 기도 꽃씨를 심어가네
성령 은혜 속에
꽃밭을 가꾸어 가는 모습
하나님 축복받은 여인들

말씀 묵상할 때
경건한 마음
찬양 드릴 때
행복한 모습
믿음의 기도로
하늘 문을 열어 가네

이민의 삶
지쳐버린 영혼
사랑하는 형제 자매
세상 물결에
흔들리는 영혼을 위해 드리는 기도

여인의 포근한 마음
넓은 어머니의 가슴으로
아픔을 보듬어 주며
중보 기도 하는 여인들
하나님은 사랑하고 계신다오

사랑하는 마음
가슴 빈자리로 기다리며
피어난 꽃은
바람 속에 떨어져 간 잎들과
울어 버렸던 가슴의 눈물

오늘
아가페 사랑으로
영원히 우리 가슴에 피어나리

중보 기도

섬김은 나를 버리는 인내의 훈련
버리는 아픔과 고통이 함께할 때
희생의 가치는 사랑을 이루어가며
그리스도 편지를 전하는 소명을 이루어간다.

오해 속에 겪는 갈등
환멸을 느껴보지만
사랑하는 마음으로 조건없이 용서하며
육체와 영혼을 괴롭히는 슬픈
냉대와 모함 속에도 흔들림 없는
첫사랑 약속, 믿음 더욱 깊게 뿌리내리면서
그리스도 겸손과 섬김을 배워간다.

힘들고 마음 아파 울고 싶을 때
한숨이 변해 기쁨과 감사가 되는 것은
그리스도 사랑이 연약한 나를 포옹해 주시고
힘을 주시는 은혜의 축복
작은 입술로 보혈을 찬양 드려봅니다.

세상 속 가면, 미움, 시기, 질투를
부활 예수 그리스도 사랑이란
아름다운 보혈의 스카프로
예쁘게 포장하여 회개와 용서의 제단에
눈물 속 마음의 기도 드릴 때
평화로운 마음은 천국을 소유한답니다.

영혼의 입술은 주를 찬양드리며
가시에 찔린 마음에 백합화는
온유하고 행복한 희망의 꽃이 되어
그리스도 향기 샤론의 향기로
두메산골 마을에 바닷가 어촌에도
소리 없이 은은하게 퍼져가고 있답니다.
예수 그리스도 사랑 안에서

주를 보게 하소서

세상을 살아가는 동안
나를 사랑하시는
주를 보게 하소서

명예 권력 화려함을
보지 말게 하시고
등 뒤에서 기다리고 계시며
나를 사랑하시는
주를 보게 하소서

행복한 영혼으로
나를 사랑하시는
주를 보게 하소서
주님 영광을 영혼으로
찬양 드리게 하소서

나를 도우소서

나를 도우소서
연약한 이 모습을
불쌍히 여기소서

주님
예루살렘으로
어린 나귀 타시고
입성하실 때

호산나를 외치며
겉옷을 갈아드렸던
허울좋은 죄인은

빌라도
법정 뜰에서
수모를 겪고 계시는
주님을
욕하며 죽이라고
목이 터지도록
외쳤던 부끄러운
모습으로 주님께
가까이 가기를 원합니다.

당신 사랑으로
포옹해주시고
당신 은혜로 새롭게
평강으로 채워주소서.

사랑하는 장로님

오늘은 사랑하고 싶은 날
하나님이 택하시고 기뻐하시는
사랑하는 박미자 장로님
칠순을 맞이하여 모든 성도들
기쁨으로 축복해 드리는 은혜의 시간

예수님을 첫사랑으로 고백하시고
세상 유혹과 갈등을 하늘 소망으로
일편단심 흔들림 없이 지켜오신
칠십 년의 세월의 아름다운 시간
믿음의 절개 첫사랑 그 약속은
샤론의 꽃이 되어 가문의 영광으로
사랑의 향기 되어 열방속으로 퍼져 갑니다.

고희를 맞으신 행복한 믿음의 장로님
한 걸음 한 걸음 세월을 사랑으로 보내셨던
사랑하는 장로님 모습 속에
어머님과 같은 포근하고 따뜻한 정을 느껴봅니다.

기도하시는 장로님
당신의 아픔과 눈물은 사랑과 용서가 되어
가장 낮은 곳에서 곱게 피는 한송이 백합으로
예수 그리스도 보혈의 사랑법을 보여주신 사랑하는 장로님

풀꽃 같은 소박한 사랑으로 순종하시며
겸손하게 섬기시는 모습은
예수 자녀로 걸어가야 할 믿음의 정도를 보여주신 삶
한 영혼의 소중함을 가슴에 품어주시고
언제나 교회를 위한 사랑과 애정으로
아픈 만큼 더욱 뜨겁도록 사랑하시며 기도하시는 장로님
장로님의 따뜻한 마음은 등불이 되어
아름다운 사랑으로 우리에게 다가옵니다.

사랑하는 장로님
깊은 두메산골 정으로 숲을 이룬 골짜기
옹달샘처럼 사랑의 생수를
퍼내도 퍼내도 마르지 않는
깊고 넓은 어머니의 사랑으로 성도들을
포근한 정으로 포옹해 주시고 기도하시며
천사도 사모하는 믿음의 여종으로 찬양드리시며
하나님이 약속하신 축복을 누리시옵소서
주님 은혜로 만수무강하시옵소서

2009.10.4
사랑하는 장로님 존경합니다.

여호와께서 행하는 구원을 보리라

여호와여 하늘 문을 여시옵소서
부족한 종에 기도를 들어주시옵소서
어둠의 권세 사망 권세를 이기시고
부활하신 생명의 주님 소망 가운데
영생을 바라보며 권오순 장로님을 위해
믿음의 기도를 드릴 수 있도록 입술을
열어 주신 성령 은혜를 감사드려요

너는 내 것이라 지명하시고 기름 부어
세상 속에 빛과 소금으로 세워주시고
기도의 파수꾼으로 택하신 사명자
권오순 장로님 믿음의 시련 극복하도록
천사를 보내주소서. 힘을 주시옵소서
병든 연약한 주의 종을 돌아보소서

하나님이 너무도 사랑하시는 장로님
깨어 기도하는 신실한 믿음의 종
욥과 같은 믿음의 연단을 통해
더욱 성숙한 믿음으로 병에서
자유함을 누리도록 선하심으로 인도해 주시는 은혜
성령이여 장로님 안에 임재하소서
고통 중에 위로하시고 회복시켜 주시옵소서

말씀을 듣고 믿음으로 순종하는 자
문둥병, 중풍환자가 고침을 받고
거센 바다의 풍랑이 잔잔해진 것처럼
권오순 장로님 어려운 수술을 은혜롭게 하도록
의사 손을 잡아주시고 성령 치유의 빛이
몸속 병든 세포를 깨끗하게 소멸시켜 주신 은혜 감사드려요

하나님만을 의지하는 힘을 주소서
은혜롭게 수술을 마치고 회복실에서
주님 사랑 안에서 자비와 긍휼의 은혜로
회복을 기다리는 가족들 눈물의 기도를 들어주시옵소서
하나님 침묵하지 마시옵소서

수술 후 찾아오는 아픔과 고통이 힘겨워
신음하는 택하신 주의 종을 도와주시옵소서
거룩한 보혈의 손을 상처 위에 얹어 주소서
하나님의 평강으로 충만하게 하시오며
여호와께서 행하시는 구원을 바라보게 하소서

환란 중에 위로가 되시는 하나님
강한 망대가 되시고 구원자 되시는 좋은 하나님
고독하고 외로운 병실에서 영혼의 방으로 들어가
오직 하나님을 향하는 문 외에는
모든 문들을 닫게 하소서 그리고 성령은혜로
주님 도움의 손만을 기다리도록 축복하소서
어둠 권세에 정복 당하지 않는 온전한 마음
하나님을 사랑하는 믿음으로 승리하게 하소서

마음을 비우고 가난한 자 되어 기도드립니다.
주님 은혜로 새롭게 하소서 채워주소서
유인순 권사님 강하고 담대하게 붙들어 주시옵소서
연약함을 보일 수 없어 마음속 흐르는 눈물
그 눈물 속에 권사님 통곡의 기도가 있사옵나이다
여호와 하나님 기도를 들으시고 응답하소서

믿음대로 이루어 주시는 예수 그리스도여
권오순 장로님 모든 문제를 보혈의 십자가 제단에
화목 제물로 바쳐 드렸사오니
병실에 주님 찾아오시옵소서 친구가 되어 주시옵소서
고요함 중에 주님을 만나게 하시오며
주님 음성을 듣고 경배 찬양 드리게 하소서
여호와께서 행하시는 구원을 바라보며
영혼으로 기도드리는 장로님 중심을 보시고
약속하신 건강을 회복시켜 주신 은혜 감사드려요
예수님 이름으로 기도드리옵나이다
2009. 11. 9

추수 감사기도
〈하나님 은혜〉

여호와 하나님 사랑해요
세상 물결 속 흔들림 없이
믿음 지켜 여호와 하나님 은혜
추수 감사 예배를 기쁨 속에
찬양 경배 마음을 드리도록
축복하신 사랑을 감사드려요
주님 은혜로 부름 받아 택함 받은
은혜의 성도들 경배와 찬양 드리며
한 해의 풍성한 첫 열매 오곡백과를
보혈의 십자가 제단에 순결한 마음
기도드리는 마음으로 정성을 모아
예물을 드리도록 축복해주신 성령 은혜
감사하여 눈물 제단을 주님께 드려 봅니다.
여호와 하나님 은혜를 송축 드리는
주께서 부르시고 택하신 성도들
눈물 속에 드리는 정성 어린 예물
하늘문을 여시고 약속하신 축복을 주소서
기쁨과 감사 속에 춤을 추며
장년에서 유아가 하나 되어 드리는
섬김의 감사예배 성령이여 임하소서
성도들 소원하는 기도를 들어주시오며
응답하소서 하나님 축복하여 주시옵소서
주님 세상 열매를 드림으로
만족과 행복을 누리기보다
내 자신을 먼저 돌아보게 하소서

마음 중심을 보시는 여호와 하나님
올해 첫날 주님 은혜 감사하여
마음 드려 고백 드리던 작은 소망 복음의
씨앗을 어느 곳에 뿌려나 돌아보며
복음의 꽃 피우지 못하고 사랑의 열매
거두지 못함을 회개하게 하소서

세상 속 너와 나 함께 살면서
복음의 농부로 살지 못하여
천하보다 소중한 한 영혼을 위해
기도드리며 사랑으로 포옹해주지 못하여
복음의 결실 100배 60배 30배
풍성한 열매 거두지 못하여 눈물 흘리는
택하신 성도들 심령을 새롭게 하소서
생명의 소중한 귀한 시간으로
복음의 씨앗 뿌리며 섬김과 용서로
사랑을 주지 못함을 회개하는 성도들
주여, 보혈의 은혜로 용서하시옵소서
회개의 눈물 속에 성령의 은혜로
내 자신을 십자가 제단에 첫 열매로
기쁨 속에 순종하는 희생제물로
경건하게 드리도록 인도하소서
오늘 마음으로 드리는 추수 감사 예배
눈물 흘리며 씨를 뿌리는 자는
웃음으로 단을 거두리라 축복의 말씀처럼

우리의 작은 소망 섬김의 씨앗이
성령 은혜의 사랑으로 내년 추수 감사 예배 드릴 때는
풍성한 복음의 꽃과 열매가 되어 성전의 빈자리를
주께서 택하신 성도들로 가득 채워
믿음의 향기로 하나님 은혜를 송축드리며
하늘 영광을 영혼으로 바라보는
택하신 성도들로 새워주시옵소서

광야의 길

믿음의 길 광야 길을 걸으면서
여호와의 은혜로
섬김과 눈종을 배워가는 길

풀 포기 나무 한그루 없는 황무지
두려움이 지배하는 광야 길
여호와의 약속 소망 붙들고
고난과 역경을 극복하며 이겨가는 믿음의 길

목이 말라 지쳐 쓰러질 때
마라에 쓴 물을 단물로 주셨던
하나님의 사랑
뜨거운 태양 아래 신음할 때
구름 기둥으로 덮어주시는 은혜

광양의 어둠
뼛속 깊숙이 파고드는 추위의 고통을
불기둥으로 보호해 주시던
그 사랑 감사하여 경배 드려요
인내의 믿음을 통해
소망을 이루도록 인도하시는 하나님

뒤에서 쫓아오는 어둠의 세력
흐르는 홍해바다 절망 속에
탄식하는 인간의 연약함을
알고 계시는 좋으신 하나님
홍해를 열어 길을 만들어 주신
하나님의 사랑 택하신 자녀들
영원까지 보호해 주시는 은혜

어둠의 세력
물속에 잠들게 하시고
약한 자를 강하도록 힘주시는
여호와 하나님 영광을 찬양 드리오며
여호와의 손 꼭 잡고 광야 길 걸어
약속하신 축복을 누리게 하소서

기도

북녘땅 당신 자녀들
고아로 버려두셨나요
자유도 없고 인간의 존엄성도
상실한 버림받은 땅

목숨 걸고 통곡하는 기도
동토 같이 얼어붙은 북녘
복음의 불을 지펴보는 택한 자
기도의 꽃을 피우도록
거룩하게 성령이여 임하소서

굶주림 죽어가는 슬픔보다
참 예배자의 자유함 없이
황폐하게 죽어가는 북녘
흑암의 골짜기에서 건져주소서

평양 대부흥을 통해
삼천리 금수강산을
복음의 물결로 충만케 하셨던 성령이여
부흥의 불로 삼천리 강산을 태우도록
은혜를 내려 주소서

교회에서

세상 속에 흔들리는 영혼
눈을 뜨고 볼 수 없어
눈을 감으련다 그리고
혼돈 속에 춤을 추는
영혼을 위해 기도하리

귀를 막으련다
세상에서 들려오는
유혹의 소리보다
괴로운 말을 듣고
믿음 흔들려 추한 모습
보일 수 없어 귀를 막고
찬양을 드려 보고 싶다

세상 입술을 열지 말자
허울 좋은 분장 속에
위선으로 자신을 포장하여
앵무새 유언비어를 설파하며
상대를 곤경에 빠트리는 저들처럼

나도 앵무새 되어 내 삶에 정도를
걷지 못할까 두렵고 두렵다
형제를 위해 기도하리라
자매를 위해 기도하리라
천국 입술을 열어 복음을 전하리

아기 예수 오시던 날

아기 예수 이 세상 오실 때
유대 땅 베들레헴
구유에서 탄생하셨네
하늘 천사들 영광 중에
찬양 부르며 어둠속
양치는 목동들에게
구세주 탄생을 알려 주어다오

밤하늘 은하수 별들 속에
구세주 샛별 하나
아름다운 모습으로 보여줄 때
동방박사 세 사람 그 별보고
구세주 탄생을 기뻐하며 예물을 준비하여
먼길을 여행하여 구유에 누워 계신
아기 예수께 경배 드렸다오

만물이 아기 예수 탄생을
기쁨으로 영광 돌리며 경배할 때
베들레헴 백성들 천군 천사
하늘 영광 찬양 듣지 못하고
인간의 연약함을 극복할 수 없어
깊은 잠에 빠져 어둠 속 헤매일 때

사악한 헤롯은
아기 예수를 죽이려
음모를 꾸미고 있구나

섬김의 사랑

커피 잔 속에 사랑을 고루 녹여
정감이 물결이 되도록 흔들어
예수님이 사랑하고 계시는
자매님들에게 행복한 선물
내 사랑도 함께 전해주며
잠시 수고의 피로를 함께하고 싶어요

선머슴 같은 우직한 손으로
커피를 만들지만 잔 속에는 정감이
여인의 향취는 느낄 수 없어도
커피 잔 속에 섬김, 행복, 사랑이 있어요

작은 잔 속에 채워진 행복한
사랑은 커피향처럼 마음의
평온함 속에 기쁨이 넘쳐와요
사랑으로 섬기시는 행복한 자매님들
한 잔의 커피로 오늘 피로를 잊어 보세요

섬김의 꽃 속에 피는 미소는
사랑의 향기 되어 교회를 가득 채우고
세상 속으로 예수 향기처럼
샤론의 향기 되어
은은하게 퍼져간다오

예배의 축복

예배자여
당신은 오는
무엇을
그분께
소중히
드렸나요?

그분은
오늘 당신
사랑보다도
먼저
아픈 마음,
그리고
슬픔을
받길 원해요

당신
진심어린
고백
마음의 상처를
그분은
사랑으로
치유해주시고

당신
사랑을
영화로운
향기로
받아주시며

영광중에
약속하신
평안을
당신 영혼속에
채워주신다오!

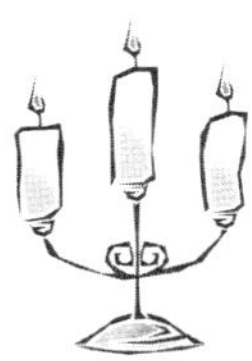

보혈의 은혜

뜨거운 태양 아래
십자가 고통을
침묵으로 견디시며
생명의 보혈을
흘려 주시는
당신의
거룩한 보혈
마지막 한 방울

어둠 속에서
방황하는 죄 때문에
죽을 수밖에 없는
이 죄인을
구원하시려고
사랑의 선물로
값없이 주신
당신 보혈
내 영혼 속에 소중히
영원토록 간직하고 싶어요

濠洲僑胞 艱難克服의 原動力

오석규 첫 시집

꽃마음 등에지고

新毫(신규호) / 문학평론가 · 온누리문학연구소장

1. 열기

100여 편의 시작품들을 「흔들리는 꽃잎」·「세상 풍경」·「인생 여정」·「망월동의 침묵」·「꽃의 향기」·「기도의 꽃」 등 여섯 부로 편집하여 상재(上梓)한 호주이민 교포 오석규 시인의 첫 시집 [꽃마음 등에지고]는, 소제목에 '꽃'이란 시어가 세 번이나 나오는 것으로 보아, 다양한 꽃에 비겨 값진 삶의 모습을 감동깊게 표현한 시집임을 짐작케 함으로써, 일찍이 시작품을 "피보다 더욱 붉게, 눈보다 더욱 희게 피어나는 한 송이 꽃"에 비유한 용아(龍兒) 박용철의 「시적 변용(詩的變容)」에 나오는 한 대목을 떠올리게 한다.

> *흙 속에서 어찌 풀이 나고 꽃이 자라며, 버섯이 생기노? 무슨 솜씨가 핏속에서 시를, 시의 꽃을 피어나게 하느뇨? 변종을 만들어 내는 원예가, 하느님의 다음 가는 창조자, 그는 실로 교묘하게 배합하느니라. 그러나, 몇 곱절이나 더 참을성 있게 기다리는 것이랴!*

그러나 독자들의 빠른 이해를 위해서는, 해외 이민교포로서 온갖 어려움을 슬기롭게 극복해간 자취를 더듬어 보면서, 자아를 성취시킨 그 값진 내용들을 찾아주는 것이 훨씬 편리할 것 같다.

이런 의미에서 이 해설은 먼저 이민의 힘겨움을 살펴본 뒤에, 인간 승리를 거둔 값진 정신적 가치들을 알아보는 차례로 진행시켜 나가겠다.

2. 이민(移民)의 가시밭길

굳이 맬더스의 「인구론(人口論)」을 빌릴 것도 없이, 나날이 생존경쟁이 치열해만 가는 현대사회에서 사람답게 살아가기란, 그리 쉬운 일은 아니니, 더군다나 이역만리 낯선 외국땅으로 이민 가 편안하게 정착하기란 여간 힘든 일이 아닐 것이니, 지구의 남반구 호주로 이민 간 오석규 시인도 숱한 가시밭길에 직면하였을 것이다.

이는 그가 이민 30여 년만에 지은 「Baulkham Hills에서」가 독자에게 속삭여준다.

친구들의 노랫소리 꽃향기
희망 속에 새벽을 열어 본다
침묵의 흐름 고요함 속에
날 부르는 친구들의 합창 소리
우렁찬 그 노래 들으면서
진한 커피향 속에 행복을 전해주련다

파아란 하늘 푸른 숲
자연의 아름다움 속에
별빛 쏟아지는 밤이면
부모형제 그리워 흘린 눈물
가슴에 담아 두고

고향 떠난 삼십여 년
미운 정 고운 정 다 들어 이제
정 때문에 떠날 수 없는
Baulkham Hills
다정한 친구들 노랫소리
자연의 풍요로움 속에…

두고 온 짙은 향수
달래보며 친구들과 함께
행복한 노래를 부르리
자연 속에 시 한 편 띄워 보내
사랑가를 불러본들 어떠리

내 삶에 뿌리를 내리는 Baulkham Hills에서. (전문)

이 작품은 이 시집의 내용 전체는 아니지만, 전반적인 분위기는 풍겨주는 서시(序詩)의 성격을 띠고 있으니, 이민 와서 정착을 이룬 현재는 '행복' 을 누리는 몸이 되었으며, 금의첨화(錦衣添花)로 '시' 까지 짓는 몸이 되었으나, 여전히 부모형제 그리며 향수에 젖기 때문이다.

이렇게 무사 정착하기까지에 걸린 30여 년이란 세월 속엔, 숱한 고초가 '눈물 '로 표현되었으니, "끝이 좋아야 정말 좋다"는 서양 격언처럼, 비록 오랜 세월이 걸렸더라도 생활안정과 시인의 꿈이라는 두 마리 토끼를 잡았으니 천만다행인 것이다. 바꾸어 말하면 오늘이라는 ' 성공의 탑 뒤에는 힘겨운 노력의 수많은 계단이 있었던 것이다. 이를 위해서 흘린 땀과 눈물 방울을 시사해주는 작품이 「새벽시장」이다.

과일향 야채 향기
사람 냄새 뭉클한, 활기찬
플래밍턴 새벽시장
다민족 나라답게
피부색 다른 여러 나라 사람들
트롤리를 밀고 당기며
물건 고르는 밝은 눈빛들
어둠속 샛별같이 빛나네

한 마리라도 더 팔아보려고
목소리 높여 고객들 부르는 안간힘
한 푼이라도 더 깎아보려고
흥정하는 현장에서 희망을 본다
바람결에 생선 비린내
때론 역겨움을 치밀게 하지만…

사람들 틈 비껴가며 돌고 돌아
이 물건 저 물건 고르고 골라
트롤리 가득 채워갈수록
지갑속 지폐는 줄어만 가는데도
새벽시장 좋은 건 서로 도움 주는
정이 담긴 만남 때문
그래서 새벽시장은 인정의 꽃도 핀다

이민의 삶 속에 잊혀가던
친구를 시장에서 만나 변해버린
서로의 모습 바라봐도 뜨거운
악수 거칠어진 손 감각 말 못 하고
이슬 맺힌 눈으로 연락처
주고받으며 떠나오는 새벽시장
만남의 이정표 되는 곳이란다.(전문)

새벽 잠을 설치고 시장에 나가 있는 힘을 다해 물건을 사고 살기 위해, 같은 처지에서 허덕이는 친구와 제대로 말 한 마디 나누지 못하는 고된 육체적 노동의 현주소가, 다름 아닌 이민교포들의 험난한 단면도인 것이다. 그나마 다행인 것은 이민간 호주가, 영국을 비롯한 세계 도처에서, 제대로 살기 어려운 사람들이 다수 모여든 곳이기에, 그런대로 힘껏 노력하면 살아갈 수 있다는 선례가 쌓인 곳이었기에, 저자도 팔을 걷어붙이고 나선 것이리라.

이런 고달픔 속에서, 「술」은 육체적 · 정신적 피곤함을 달래주는 구실을 하지만, 깨고 나면 또 다른 피로를 몰고와 마신 이로 하여금 원점으로 되돌리고 만다.

즐거워서 마셔보는 술
괴로워서 마셔보는 술
피로를 풀려고 마셔보는 술
잡담 속에 마셔보는 술

고독을 달래보려고
술잔에 외로움 담아
허전한 마음으로 마셔본 술
술 속에 실언과 망언
오가는 욕설 삿대질
서민들 애환 정으로 엮어진다

허기진 배 채우려고 뚝배기
한 잔 술에 가난의 서글픔
바람에 실어 보내곤
귀뚜라미 울음 귀 기울이는
가슴 아픈 가을 밤!

가진 것 없는 가난한 나그네
한 잔 술 애주가 되어
별을 헤아리던 시절 그리워

달빛 아래 여자의 벗은 몸
황홀함에 취해보며
불러보고픈, 태평가! (전문)

'가난'이란 시어가 두 번이나 나온 것으로 보아, 필경 시상(詩想)은 여기서 얻은 듯하다. 이 어휘는 본디 '간난(艱難)'이어서 정치 · 경제 · 사회 · 문화 등 모든 영역에서의 애로사항이던 것이, 세 번 거듭된 '니은(ㄴ)' 중 하나가 탈락함으로써 현재와 같은 경제적인 뜻으로만 쓰이는 의미 축소를 가져왔으나, 문맥으로 보면 차라리 본디의 한자말에 더 가까워 보여, 이런 결핍(缺乏)의 집합체 속에서 닥치는 대로 시행착오를 거듭하는 '가진 것 없는 가난한 나그네'란 자화상의 속성(屬性)이 되는 것 같다.

이런 육체적 · 정신적 고통을 지닌 오 시인의 고달픈 삶의 모습을 객관적 상관물(客觀的相關物)을 통해 읊은 시가 바로 「바다」이다.

검푸른 바다가 평온 속에
어깨춤을 추듯 춤을 추네
갈매기는 흥을 돋구려고
신나는 곡조 노래부르네

갈매기 한 숨 돌리니
미풍에 잔잔해진 파도
춤사위 살며시 내려놓고
숨고르듯 고요함에 젖어 있네

바다 위 갈매기 노랫소리
어느덧 애절하게 바뀌자
출렁이는 바다 비탄에 잠기네.(전문)

언뜻 보면 '갈매기'가 '바다'와 더불어 희롱하는 한 폭의 풍경화처럼 보일지 모르나, 처음엔 '흥을 돋구려' '신나는 곡조'를 읊던 것이, 끝연에선 갈매기가 '애절한 노래'로 바뀌자 바다 또한 '비탄'으로 동조하는 것으로 보아, '갈매기'는 필경 고달픈 서러움을 안고 사는 존재인 것 같다.

그리하여 59년 전, 동족상잔의 와중에서 1·4 후퇴로 남하, 삶의 뿌리를 잃고 방랑하던 박남수 시인의 「갈매기 소묘(素描)」를 떠올리게 함으로써, 현재 고국과 멀리 떨어져 있는 오시인의 모습과 겹쳐지게 한다.

3. 간난극복(艱難克服)의 원동력(原動力)

그러면 이런 어려움을 극복할 수 있게 한 원동력이 무엇이겠는가 하는 것이 이번에 다룰 내용인데, 그 실마리를 「점 하나」에서 발견하게 된다.

외로운 밤
홀로 지새우며
그 외로움
달래보려고
외로운 점 하나
찍어두고

황혼이 지는
바닷가 언덕에서
밀려오는 고독
잊어보려고
그리움 속에
찍어보는 점 하나

폭풍우 쏟아지는
두려운 밤
마음 설레는
옛 추억 그리워
사랑했던
당신 정을 화폭에
찍어보는 점 하나

믿음으로 잉태하여
손끝으로 출산하는
너는 내 분신
고요함 속에
찾아오는 평안
수선화 곱게 필 때
나는
허전함을 느끼며
커피향에 취해보련다.(전문)

'김춘광 화백님 전시회를 보고' 지은 이 시에는, 자신의 고립된 절망감이 미미하기 이를 데 없는 '점'으로 그나마 단수인 것으로 효과적으로 시각화되어 있을 뿐만 아니라, 집단을 이룬 친척 · 친구들에 대한 '그리움' 또는 '그리워' 못 견디는 정서의 어원이 다름 아닌 '그림을 그리는' 동작에서 파생되었음을 보여주는 우리말의 오묘함을 보여주는 현장을 목격하게 한다.

곧, 붓 따위로 화폭에다 '그리는' 구체적인 동작에서 파생되어, 아무 도구 없이 그저 머리속에 떠오르는 영상을 더듬는 골똘한 상태에서의 정신작용(현대어의 '그리워하다'에 해당하는)을 이르는 말이다. 참고로 이들 어휘의 상호관계를 표시하면 아래와 같다.

'그리다' (畵=동사)

새 뜻 첨가(慕=동사) → 그립다(ㅂ첨가=형용사 파생)→그리움(명사형에서 전성명사)

그리워(ㅂ불규칙활용)+하다(접미사)→ '그리워하다' (=파생동사)

이렇듯 '그리움' 은 대상과의 인연을 소중히 여기는 '사랑' 의 작용이니, 이로 말미암아 오 시인은 비록 몸은 머나먼 이역에 머물지만, 마음은 흰옷 입은 배달겨레의 긍지를 지님으로써, 꿋꿋한 자아를 실현해 나갈 수 있게 된 것이다. 이 그리움은 아래와 같은 여러 양상으로 구체화되어 읊어진다.

(1) 어릴 적의 추억(追憶)

어릴 적의 추억은 순진무구하기에 오래 기억에 남아 지치기 쉬운 주체를 지탱해주니, 그 좋은 보기가 「소꿉친구」이다.

내 어린 시절 우리 집은
안채와 조금 떨어진 가게 하나
신작로가에 자리잡고 있었지
안채와 구별되는 별채
방이 딸린 그곳에서
양복점을 운영했던 현숙이네

난 그녀와 동갑내기 소꿉친구
대청마루에서 함께 놀 때면
내가 아빠, 현숙이는 엄마 하여
서로들 베개로 아들 딸 삼아
마냥 행복한 살림 꾸렸었지…

정감 넘치는 추억이 시들자
다짜고짜 난 짐 싸들고 고향집을 찾아
먼 여행 여독도 잊은 채
반가움 못이겨 현숙이 손 잡아보려
내민 내 손 뿌리친 현숙이
토라진 얼굴로 휑하니 나가버린다

현숙아 현숙아, 기다려줘
네게 하고픈 말 너무 많아
목이 아프도록 불러봐도
엉엉 울다 토하는 앙칼진 목소리
'소꿉놀이 않겠다!'
퍼뜩 정신차려보니 일장춘몽! (전문)

사람은 현재가 고달플수록, 지나간 추억을 먹고 사는 동물이다. 아무런 실제적 효용이 없어도 순진무구했던 시절의 사귐은, 그 자체가 아름다운 놀이이기 때문이다.

이는 수 년 전 북한에서 창작되어 남한에서 '만해문학상'을 받은 장편소설 [황진이] (홍석중 작)이나, 19세기 제정 러시아의 장편 [두브롭스끼](뿌쉬낀 작)가 보여주듯, 양(羊)의 동서와 때의 고금을 가리지 않고 선호되어 선택됐던 제재이니, 낯선 남반구로 이민온 오 시인에게도 응당 매혹적인 제재가 아닐 수 없는, 망향을 달래줄 감로(甘露)인 셈이다.

첫 연에서 때와 곳이 소개되고, 둘째 연에서 놀이의 양상이 제시되어 한 단락을 이룬 뒤, 셋째에서 시상이 일전되어 숱한 애로를 물리치고 고향으로 달리지만, 뜻을 이루지 못함은 말할 것도 없고, '남가일몽(南柯一夢)'을 방불(彷佛)케 하여 사건 자체를 무(無)로 만들어버린 결사법(結辭法)은 가관(可觀)을 넘어 기괴(奇怪)에 이르니, 아마도 욕망이란 몽매(夢

寐)에도 잊을 수 없는 무의식의 소행인 성싶다.

한편, 초등학교 시절의 추억으로 「황성 옛터」가 펼쳐지는 바, 이 또한 의미심장하다.

초등학교 4학년 철부지 시절
사범학교를 갓 나오시고
부임하신 멋쟁이 선생님,
우리 반 담임 됐네

민족혼 심어주신다며
가르치신 '황성 옛터'
열정의 화신, 세월 흘러도
영영 잊을 수가 없다

전교생 중에서 유독 우리 반만
오전 오후 두 차례 불렀던 그 노래
옛 친구들과 함께 선생님 모시고
다시 한 번 부르고 싶어

'황성 옛터에 밤이 되니
월색만 고요해… '
마음속 깊은 곳 메아리치는 겨레의 노래
그 시절 돌아갈 길 없어…

블루마운틴 세 자매봉 밑에서
그리운 옛 정 가슴에 담아둔 나
'가엾은 이 내 몸은' 옛 스승님 그리워
가슴엔 눈물만 흐른다.(전문)

이 작품은 '시'가 '노래'와 밀접한 관련을 맺고 있음을 일러주며, 그런 '노래'가 민족혼과 순치(脣齒)의 관계에 놓여 있음도 아울러 말해준다. 젊은 신임 선생님이 가르쳐주신 '황성 옛터'를 불렀던 초등학교 시절을 돌아보며, 스승이 그리운 나머지 다시 불러보는 추억을, 마치 이야기를 하듯, 중요한 가사 대목을 알맞은 자리에다 인용 삽입한 솜씨가 돋보이거니와, 이렇한 기분 풀이가 이민자로 하여금 외로움에서 떨쳐 일어서는 용기를 줄 것이다.

끝 연을 우리의 '황성(荒城)'과 짝을 이룰 만한 '블루마운틴'이란 '산(山)'에서 마무리한 것도, 인상을 깊게 해주는 데 이바지하고 있다. 이 시집에는 「블루마운틴」이란 시제의 작품이 한 편 실려 있는 것도 이와 관련된 것으로 보인다(해설자는 19년 전 시드니에서 수도 켄버라로 가는 길에 이 아름다운 경관(景觀)을 거쳐간 일이 있어, 속세에 찌든 이들에게 위안을 주고 있음을 느꼈음).

뿐만 아니라, 친구와의 우정도 그냥 지나칠 수 없다. 「비 오는 날」이 그 좋은 보기이다.

비 오는 Baulkham Hills
앞마당에 떨어지는 빗방울
아프다며 뛰는 광경 속에
어린 시절 물에 빠진 생쥐 꼴로
비 맞으며 놀던 친구들 생각에
마음 한편 저려옴을 느낀다

친구 생각에 서울 번호를 눌러본다
벨 소리 요란스럽게 울려도
받아주는 이 없어
응답기에 날 두고 소식을 기다려보련다

비 오는 오후 쓸쓸하고 외로운 시간
허전함 달랠 길 없어
여기저기 돌려보는 번호
벨 소리만 울리는 얄미운 전화통
이윽고 핸드폰 번호 눌러보니
메시지를 남기라는 목소리에
새삼스레 느끼는 시드니 고독! (전문)

시제(詩題)부터가 울적한 심사를 자아내니, 비 탓으로 바깥 활동이 제한을 받아 옥내에서 하염없는 생각에 잠기게 하기 일쑤이기 때문이다. 그 외로운 틈바귀를 비집고 스며들어온 것이 친구 생각이니, 그 강도가 육체적인 '저려옴'에 의해 효과적으로 표현되어, 어쩔 수 없이 국제전화를 누르지만, 시차(時差) 때문에 응답이 없고, 핸드폰마저 무용지장물(無用之臟物)이 되고 마니, 이는 친구 사이에 벌어진 거리감의 크기만 확인시켜준 셈이어서, 이민자의 고독이 가슴속에 와 닿는다.

(2) 家族을 그리워하는 情

이번에는 함께 살아온 아내나 낳아서 길러주신 어머니에 대한 육친애(肉親愛)를 살펴보겠는데, 우선 전자의 보기로 삶의 동반자와 헤어진 황량한 마음의 구석을 보여주는 「포장마차」가 눈길을 끈다.

당신 떠나버린 빈 자리
세월의 눈물로 채워주고
겨울 칼바람 얼음바람
심술부리며 찾아올 때

포장마차 주인아저씨
전라도 구수한 사투리 친구삼아

삼학 소주잔 입술에 부어
목구멍 타고 흐르는 쓰라림에
몸을 떨며 일그러지는 얼굴

뜨거운 어묵 국물로
뼛속 깊숙이 파고든
추위와 술기운 녹여주며
부어라 마셔라 술에 잡힌 영혼
잔 속에서 춤추려 든다

빈 병은 늘어가고
겨울 외로움과 함께 마셔버린
술, 취해버린 몸뚱어리
회색빛 달 아래 그리움
당신에게 전해주고파
천 년의 학 되어 날고파라.(전문)

이 시는 "드는 줄은 몰라도 나는 줄은 안다"는 우리 속담의 진실성의 확인으로 기필한 뒤, 허전함의 현주소인 '빈 자리'가 이별로 인한 오랜 세월에 걸쳐 흘린 눈물, 이를테면 "大同江水何時盡(대동강물이야 언제 다하리)"라 읊은 정지상(鄭知常)의 경지를 방불(彷佛)케 함으로써, 그 아픔을 '칼바람 얼음바람' 이란 시대고(時代苦)로 실감시킨다.

이어서 그 얼음을 녹일 수단으로 겉모양은 물이되 넘기고 나면 영락없는 불인 음주로 넘어가, 그 기회를 놓칠세라 엄습하는 '술에 잡힌 영혼'의 망아(忘我) 상태를 거쳐, 마침내 늘어나는 ' 빈 병 '으로 환유되는 ' 외로움 '의 양과 가누지 못하는 ' 몸뚱어리 '로 마무리지었으니, 한 마디로 보이지 않는 내면 풍경을 눈에 보이듯이 표현함으로써, 시적 창조에 있어서의 미적 재간도 뛰어남을 드러내 보인다.

이제, 원래는 다른 모든 것에 우선하는 것이지만 서술의 편의상 미뤄온 육친애(肉親愛)를 살필 차례를 마련했으니, 4연시 「여인」을 살펴보자.

인생 여정에서
숱한 사연 마음에
묻어둔 채, 여인이란
이름으로 묵묵히
살아오신 긴긴 세월

세월의 발자취
얼굴에 주름살
하나 둘 늘고
검은머리 파뿌리 되어
힘겨운 세월 돌아보게 하네.

가는 세월 잡을 수 없어
오늘의 삶 아쉬워하며
넉넉하고 포근한 그 마음
마냥 보듬고 싶어라

자식들 위한 일편단심
스스로는 희생하는
아름다운 세월에 묻혀가는
아, 시대의 큰 사랑 – 어머니!(전문)

기승전결(起承轉結)로 짜여진 이 시는 숭고하기 이를 데 없는 희생의 화신인 모성상이거니와, 이런 은혜를 입었기에 오 시인은 그 희생을 '아름다운 추억' 으로 간직하여, 「인연」에서 "그리움 사모곡 되어/ 슬픔을 바람 끝에 보내며/ 시드니 봄 소식 희망을 심어/ 이민의 아픈 상처 치료해 보려나."(후반)고 읊었으니, 고난 극복의 큰 동력이 되었음은 물론, '시(詩)'란 필경 '말(言)'에 의한 '섬김(寺)'의 문학양식임도 아울러 실증해 보여준다.

(3) 모국애(母國愛)

이 시집에선 개인 차원의 추억과 사랑이 모국애로 확대되어 역사와 손을 맞잡는 것이 또 하나의 특징이다. 휴전선을 다룬 「금산리 마을」 연작과 광주 민주화운동을 읊은 「망월동의 침묵」을 거쳐, 4 · 19를 다룬 「님들의 노래」, 일제하의 정신대의 비극을 읊은 「위안부」, 심지어는 구한말의 동학(東學)을 다룬 「백산」 그리고 반만 년을 거슬러 올라간 「민족의 기둥 백두산」 등이 이 계열의 시들이다. 여기서는 최근의 사건을 배경으로 한 「망월동의 침묵」부터 살펴본다.

5월의 슬픈 달빛 아래
민족 위해 목이 터지도록
소리쳤던 광주의 함성
계엄군의 적이 된 시민들

사랑하는 나의 아들
내 형제, 내 오빠
동생뻘 군인들, 총성 앞에
잡초처럼 쓰러져 간
금남로 · 충장로 피의 거리

젊은 열정 받쳤으나
뜨거운 꽃 피우지못한 채
시든 차디찬 꽃망울들

망월동에 잠든 님들이여
민족의 화해를 외친 함성
민주화의 꽃으로
영원히 피어나라, 겨레의 가슴속에(전문)

'계절의 여왕' 인 평화로운 '5월' 을 하극상(下剋上)으로 순식간에 '슬픈 달' 로 둔갑시켜, 헌정 질서를 유린하여 대다수 광주시민을 '적' 으로 돌린 끔찍한 역사의 현장을 읊은 이 시는, 개인과 계층 · 지역 간의 대립을 지양(止揚)하여 신뢰와 화해의 바탕 위에 민주적 신념에 의해 겨레의 통일도 이룩한다는 통일지향성을 읽을 수 있다.

이어서 '조선 누이들의 슬픈 사연' 이란 부제가 붙은 「위안부」를 살펴보자.

순결을 목숨처럼 여긴
조선의 딸, 우리의 누이들을
성전(聖戰)이란 허울좋은 이름 아래,
생지옥으로 몰아넣은 간악한 일제(日帝)

전쟁의 희생양 만들어
피지못한 꽃봉오리 송두리째 앗아
일제 침략군의 성 노리개로 만든
천인공노할 만행!

60년 세월 흘렀어도 그 보상
받을 길 없어 한 맺힌
영혼의 상처 가슴에 묻은 채
한 분 두 분 역사 속으로 잠들어간다.(부분, 전반)

소위 '대동아 공영권' 이란 미명을 내세워 '미영 격멸(米英擊滅)에 혈안이 된 일제가 침략군들의 성적 욕구를 채우기 위해, 미성년인 우리의 딸들을 강제 징용해간 만행은, ' KBS 1 방영 '아침마당' (2월 23일 9시)에 나온 83세의 한 희생자 할머니의 증언처럼, 칼로 치고 옷을 찢는 등 실로 입에 담을 수 없는 처참한 일이었고, 그러고도 장장 60년이 넘는 현재에 이르기까지도 진실을 말하지 않고 한 마디 사과도 않은 채로 있으니, 이 시는 진(眞)과 더불어 선(善)의 필요성을 절실히 보여준 데 의의가 있다.

그러고 보니, 연전 미국 상원에서의 일본군 정신대 강제운영 확인결의를 떠올리게 한다. 일본정부가 온갖 술수를 부려 극구 꽁무니를 뺐지만, 미국은 그들의 간계에 속지 않고 역사적 사실을 재확인해 선언한 것이다. 만약 그 사실을 묵인했더라면 '원자탄' 이란 끔찍한 핵무기 사용의 정당성이 설자리를 잃을 뻔했을 것이니, 오 시인은 비록 조국을 멀리 떨어져 있었음에도 이토록 조국의 현실에 깊은 관심을 지닌 결과, 이 작품을 쓴 것으로 헤아려진다.

(4) 모국어(母國語) 사랑과 문학(文學)에 기울인 열정(熱情)

이런 모국애가 마침내 모국어의 갈고 닦기와 손잡아, 일찍부터 꿈꾸었던 시인의 탄생을 가져옴으로써, 힘겨운 현실을 극복해내는 데 큰 활력소가 되어준 것 또한, 이 시집에서 간과할 수 없는 정신적 가치이다. 우선 「작품 속의 나」을 읽어보자.

글을 써보고 싶소
심사평을 받은 후
문학의 길 걸어보려고
두근거리는 마음으로
응모하곤 후회도 해본다

문학이 고독한 길인 것을
인생의 외로움 속에서 풀어보며
이 길을 걷고 싶어
내 자신 세상 속에 내어놓고
자신을 한번 돌아보고 싶다오

내 인생을 세상에 응모하면
어떤 작품이 되어 심사평을
받을 수 있을는지
과연 합격품이 되어 세상의
사랑과 존경 받을 수 있을까? (부분, 전 9연 중 13 연)

'글' 은 말을 글자로 적어 보존하는 것인데, 앞에서 풀이한 바와 같이, 동사 '그리다' 의 어간 '그리' 에서 끝 모음(이 모음)이 생략되어 단음절어로 줄어든 것이어서, 필경은 그리워하는 가치 있는 일을 적는 것이니, 그 중에서도 가장 중요한 내용을 고도의 기술로 표현하는 문학은 이만저만 중요한 것이 아니니, 오 시인의 이러한 마음가짐은 새로운 자아를 개척하는 일과 밀접하게 관련된다.

그러므로 등단 직전의 예비 시인의 내면 풍경을 보여준 이 시는, 인품의 꾸밈없음과 소박함을 반영함으로써, 영원히 향상하는 파우스트적인 전형(典型)을 시사해준다.

이런 문학에의 열정은 끊임없는 정보의 확장과 우리말에 대한 사랑에 의한 수련이 필요한데, 「독서」가 이런 노력 과정을 보여준다.

옛 성현들 호롱불 아래
책을 읽었던 것처럼
선들바람 부는 독서의 계절

책을 통해 얻는 지혜로
마음의 양식을 풍요롭게 삼아

정보화 시대 경쟁 시대에
한글 사랑 나라 사랑
세계 속에 우수한 한글로
시 한 편 적어 옛 친구에게 시드니
나그네 사연 전하고싶다.(부분, 후반)

이 작품은 시단에 오른 직후의 것으로 추정되거니와, 시의 창작도 완전한 무(無)에서 이루어지는 것이 아니라, 이미 존재하고 있는 것의 재구성으로 비롯된다는 재구성, 이른바 모방론을 반영하고 있지마는, 좋은 글의 3 요건인 이른바 '3다(多)' 중의 두 가지, 곧 '다독'과 '다작'의 중요성을 일러준다.

게다가 후자를 위해, 전세계에 유례없는 '우수한 한글'을 갈고 닦아 유감없이 발휘한다는 마음가짐은, 이만저만 큰 의의를 지닌 것이 아니다.

왜냐하면 오랫동안 외국에서 살다 보면, 어쩔 수 없이 외국어를 써야 하는 언중(言衆) 속에서도, 제 겨레의 값진 전통을 꼭 지키겠다는 힘겨운 길을 마다 않고 자진해서 선택한 것이기 때문이다.

이는 세계문학상에 여전히 큰 발자취로 남아 있는 제정 러시아의 뚜르게네프가, 다년간 외국에 머무르면서도 자국어를 열렬히 사랑하는 산문시 「러시아 말」을 창작한 것과 맞먹는 쾌거이다.

의혹스러운 날에도, 조국의 운명을 슬퍼하여 괴로워하는 날에도, 너만이 내게 지팡이이자, 기둥이니라, 오오, 위대하며 힘찬, 진실하며 자유로운 러시아말이여! 네가 없었다면, 조국에서 일어나고 있는 모든 것들을 눈앞

에 보고선, 어찌 절망에 빠지지 않으랴? 하지만 이러한 언어가 위대한 겨레 에게 주어지지 않는다곤 믿어지지 않는 일이다. (인용자 역)

그런데, 참으로 위대한 시의 창작을 위해서는 아직도 시간이 걸릴 것임을 「생각」을 통해 짐작하게 된다.

시원한 바람 감사하여
시 한 편 써보려고
커피를 타본다

테이블에 커피잔 내려놓고
마음을 열어보고 생각해봐도
세상 일들 가득 쌓여
혼란스런 마음, 시 한 편
꺼내볼 수 없을 것 같아

팔베개 스르르 눈을 감고
꿈속에서 찾아보고 싶어진다
시 한 편 낳을 수 없다면
수필로나마 마음속 집념을
세상에 알리고싶어진다. (전문)

이 시는 독자에게 시창작에서의 '생각' 의 중요성을 새삼스레 생각게 하는 기틀을 마련해준다.

구양 수(歐陽修)의 '3다(多)' 중 '다상량(多商量)' 과 관련된 이 작품은, 시창작도 필경은 다른 창조에서와 같이, 독특한 생각, 곧 참신한 착상과 개성적인 표현을 할 수 있는 상상력이 필요함을 깨우쳐준다.

계제에 우리 토박이말인 '말(言)' 의 어원에 언급하면, '마리' (頭) '인데,

본디 두 음절이던 것이 끝 소리(이 모음)이 줄어 단음절어가 되었고, 훗날 모음조화의 난조로 '머리'로 바뀌었'으나 '한 마리, 두 마리…' 같은 수량단위 불완전명사로는 그대로 쓰이고 있다. 다시 말하면 말은 머리가 일러주는 생각을 그대로 밖으로 드러내는 구실을 하는 것이니, 하이데거의 이른바 "존재의 집"인 셈이다. 그러므로 진정 가치 있는 시를 창작하려면 더욱 생각을 가다듬어 값진 존제를 확인하여, 그에 걸맞은 말을 찾아내야 함을 실증해 보인 것이다.

이런 노력으로 오석규는 마침내 뛰어난 시인으로 거듭난 것이다.

(5) 영원(永遠)에의 지향(志向)

이제 덧붙일 내용이 한 가지 있으니, 오 시인의 이런 문학에의 열정과 우연히 이루어진 것이 아니라, 인간의 유한성을 통찰한 바탕 위에 절대자를 향한 겸손한 신앙심과 곁들여져 있다는 뜻이니, 이는 앞에서 인용한 「고난의 길」이 실은 생략된 전반에 골고다 언덕을 오르는 예수의 수난으로 시작되었음이 이를 뚜렷이 일러준다.

그리하여 그의 시에는 기도가 큰 비중을 차지하게 되고, 길이가 긴 것도 많다.

여기서는 지면사정과 시집의 대미(大尾)를 장식하고 있는 점을 아울러 고려하여, 과히 길지 않은 「예배의 축복」을 인용하기로 한다.

예배자여
당신은 오는
무엇을
그분께
소중히
드렸나요?

그분은
오늘 당신
사랑보다도
먼저
아픈 마음,
그리고
슬픔을
받길 원해요

당신
진심어린
고백
마음의 상처를
그분은
사랑으로
치유해주시고

당신
사랑을
영화로운
향기로
받아주시며

영광중에
약속하신
평안을
당신 영혼속에
채워주신다오!(전문)

화자가 이 작품에서 특히 강조하고 있는 것은 추상적인 막연한 사랑이 아닌, '아픈 마음'과 '슬픔'으로 인하여 베푼, 말하자면 최고의 사랑인 것이다.

그러면 왜 오 시인은 이러한 사랑을 강조하게 되었는가? 그것은 이미 앞에서 확인한 바 있는 간난(艱難) 극복의 원동력이 한 마디로 '사랑'이었기 때문이다. 그러므로 그의 시도 자연 이제까지의 예사로운 '말'의 수준을 넘어서서 말 중에 으뜸인 말인 '말씀', 곧 '성경'의 실천으로 넘어가지 않을 수 없는 것이다.

본디 우리말의 '말씀'은 '말솜 → 말씀'을 거쳐 온 어휘였으니, 그 중 '솜'은 현대어의 '길삼' 같은 데서 볼 수 있듯이, 일정한 재료들을 활용하여 새로운 물건으로 만들어내는 일이나 물건의 뜻이니, 요컨대 여러 단어들을 어법에 맞도록 늘어놓아 화자의 사상 · 감정을 효과적으로 뭉뚱그릴 수 있도록 한 비교적 긴 언술(言述)의 뜻이었다.

그라나 「어제 훈민정음 언해본」에서와 같이, 이미 세종 당대에 '말'의 '높임말'로 굳어졌으니, 이 뜻에다가 '지상에서 최고로 이치에 맞는'이라는 어감(뉘앙스)이 가미된 것으로 보면 될 것이다.

이런 점들을 고려하면, 저자의 시문학의 최종 목적지는 신앙에 있다고 볼 수 있겠다. 이런 의미에서, 일찍이 '시'를 "사상의 정서적 등가물(等價物)"이라 했다가, 기도(祈禱) 쪽으로 바짝 다가서서 「재(灰)의 수요일」을 쓴 T · S · 엘리어트와 겹쳐지는 가닥이 있어 보인다. 그러나 논문 「종교와 문학」에서 "내가 소망하는 바는 고의적이며 도전적인 대신 무의식적인 그리스도 문학이다."라 적어, 「네 4重奏」에서 실천해 보인 그 노벨문학상 수상 시인의 경지에 이르렀는지는 아직 단언할 단계가 아닌 성싶다.

4. 닫기

그러고 보니, 시집의 벽두를 장식한 「꽃 마음」 연작을 간과할 뻔했다. 그 중 첫 작품만 옮겨 적고 간단한 풀이를 하겠으니, 이것이 어쩌면 이 시집 전체의 의의를 매기는 데 초석이 될지도 모르기 때문이다.

> *꽃이 되어다오, 당신!/ 그리고/ 꽃망울을 피어다오/ 당신 정녕 한 송이 꽃 되어/ 내 영혼에 향기를 불어다오//*
>
> *꽃샘 바람에/ 흔들리는 가냘픈 꽃잎/ 내 가슴 살며시 열어/ 보듬어 주고파요.//*
>
> *푸른 달빛 수줍어/ 꽃망울 터뜨리지 못해 수줍어하는/ 당신 꽃/ 내 가슴에서 고이 피워보고파요.*(전문)

'꽃' 이 '당신' 과 동격인데, 정작 그 '당신' 은 특정인이라기보다, 한용운의 이른바 '님' 에 버금가리만큼 다층적인 의미를 지니고 있을뿐더러, 이미지에 있어서는 시각적인 것보단 훨씬 본원적이라 할 후각을 선호하고 있음을 보여준다.

그러고 보면, '꽃' 은 오석규 저자를 둘러싼 여러 인물들은 물론, 자연, 심지어는 그가 섬겨 마지않는 절대자까지가 포함된, 지상에서 가장 값진 존재의 화신으로 보인다.

이런 의미에서 '꽃' 을 노래한 그의 첫 시집 [꽃마음 등에지고] 또한 값진 '꽃다발' 임이 분명하다.

하지만 아무래도 기교보다는 내용을 중시한 오석규 시인의 취향은, 호주 개척의 황금기에 일확천금(一攫千金)의 꿈을 안고 왔다가 하선 상륙한 노르웨이 선원 피터 라센과 현지녀 루이자 사이에서 태어나, 호주에서 가장 널리 읽힌 국민시인 · 단편작가로 성장해, 이른바 무기교의 기교로 동업자 의식과 동포애를 고양시킨 헨리 로손을 떠올리게 함으로써, 앞으로 대기만성(大器晩成)이 기대되니 아무쪼록 더욱 분발하기 바란다.

인쇄	2010년 3월 10일
초판 1쇄 발행	2010년 3월 12일
지은이	오석규
펴낸이	전형철
편집	GAP
웹디자인	김태완
펴낸곳	도서출판 모던/등록번호 제 16-3544호
인쇄	(주)한진종합인쇄
후원	월간 모던포엠
주소	서울 중구 초동 155-1 덕양빌딩 505호
전화	02-2265-8536
팩스	02-2265-0136
이메일	mopo64@hanmail.net
정가	10,000원